古代史最大の謎《ミステリー》
応神天皇と継体天皇

Masahiro Miyazaki
宮崎正弘

JN240319

育鵬社

目次

第二章　応神天皇とその時代

第三章　継体天皇のミステリー

第四章　継体天皇の時代

第五章　継体天皇「以後」

エピローグ　歴史の本質を見る眼

（※本書掲載の写真は全て筆者撮影）

◎装幀　小栗山雄司

プローグ　古代史はワンダーランド

◉謎だらけの原点――仲哀天皇と応神天皇はなぜ住吉大社の主神ではないのか

ノーベル文学賞に輝く川端康成の短編小説『反橋《そりばし》』は住吉大社の太鼓橋のことである。第十五代応神《おうじん》天皇の頃、この太鼓橋あたりまで海だった。

遣唐使は住吉津から出航した。こんにちも多くの参詣客で賑わう住吉大社は元来、海の安全

住吉大社反橋

の神様である。この視点は地政学的に重要なポイントであるにもかかわらず、歴史学者は神社の由来や地元に伝わる稗史《はいし》をなにかいかがわしい記録のように軽視してきた。

摂氏三七度という猛暑日、私は河内《かわち》松原の宿をでて、早朝に住吉大社まで出向いた。全国に二千七百社ある住吉神社の総本社。正月三が日には二百五十万人の参詣がある。

大阪環状線「天王寺」の西隣、新今宮からの阪堺線（チンチン電車）は二両連結。途中、阿倍野、北畠《きたばたけ》などを経由するので、数年前に北畠顕家《あきいえ》の取材で来たことを思い出しながら、電車に揺られること二十分、「鳥居前」に到着した。

住吉大社境内は広い。緑深く、森閑としている。早朝散歩の地元の人々、清掃に余念のない

遣唐使進発の地の石碑

神社職員、早くから参道には屋台の準備をする商人もいる。鳥居脇には「遣唐使出航地」のカラー石碑、船出の絵が彫られている。見学者はうっかりこの石碑の意味を見逃すだろう。ここから遣唐使が船出したのだ。

ということは当時、住吉江と呼ばれた湊《みなと》だったのであり、前面は海だった。神功《じんぐう》皇后凱旋の帰港地もおそらくこの湊だろう。ちなみに住吉大社の海抜は六メートルである。

住吉大社境内、反橋を迂回して正面から入ると真ん前が第三本宮、つづいて第二本宮（本殿、国宝）、一番奥が第一本宮である。入口の第三本宮の右隣が第四本宮で、神功皇后を祀る。この配置から神功皇后の祠殿は後世に追加で建築されたと推定される。

第一本宮が底筒男命《そこつつのおのみこと》を、第二本宮が中筒《なかつつの》

住吉大社の入口

男命《おのみこと》を、そして第三本宮が表筒男命《うわつつのおのみこと》を祀る。これら住吉三神は、伊弉諾《いざなぎ》が禊《みそ》ぎ払いをしたとき、海中から出現した神功皇后が新羅遠征のおりに海路の安全を守った神々。

『日本書紀』には「吾が和魂（にぎみたま）をば宜しく大津の渟中倉《ぬなくら》の長峡《ながお》に居《ま》さしむべし、便ち因りて往来《ゆきか》ふ船を看護《みそな》さむ」と神功皇后に告げた、とある。

住吉大社の「神代記」には慮外《りょがい》なことが書かれている。

新羅遠征に従った武内宿彌《たけうちのすくね》と神功皇后は「夫婦のちぎり」を結んだ（この神代記は現在社務所で配布されていない）。

となれば、応神天皇は仲哀天皇の皇子ではない。住吉大社の主祭神は伊弉諾が禊ぎの際に海から現れた底筒男命、中筒男命、表筒男命の三

神功皇后を祀る第四本宮（住吉大社）

神。三神は神功皇后の新羅征伐の海路の安全を保護し、とくに凱旋後も瀬戸内海から難波への航路の安全を確保した。神功皇后が最も崇拝し尊重した神々である。歴史学者のランケは『世界の流れ』のなかで「各時代はそれぞれに神に直結している」と書いた。

応神天皇の謎解きを、まず住吉大社から始めよう。

住吉大社が創建されたのは神功皇后摂政十一年と伝えられ、さきの三神にくわえて住吉の「四神」の一つが神功皇后。応神天皇は住吉の主神ではなく脇道の摂社（若宮八幡宮）に祀られている。また三大八幡宮と言われる宇佐神宮、石清水八幡宮、筥崎《はこざき》宮は神功皇后を祀るが、仲哀天皇は祀られていない。

いっぽうで全国にあまたある八幡様の主神は

一様に仲哀天皇、神功皇后、応神天皇のトリオである。筆者の在地にある正八幡神社も早稲田の穴八幡もそうである。

第一のミステリーを解く鍵は住吉大社にあった。神功皇后を『常陸国風土記』は、オキナガタラシヒメノスメラミコトと書いて即位されていたとしている。神功皇后を息長帯比売天皇と書く『常陸風土記』の該当箇所は次の通り。

「茨城の国造《くにのみやつこ》の初《はじめ》の祖《おや》、多祈許呂《たけころ》命は息長帯比売天皇の朝《みかど》に仕えて、品太《ほむだ》天皇の誕《あ》れまし時に至るまで当れり」（中村啓信監修『風土記（上）』、角川ソフィア文庫、32ページ）

（常陸国造は神功天皇につかえ、応神の誕生まで立ち会った）

神功皇后の御陵は奈良県の佐紀古墳群の北西地域にあって四～五世紀初めの築造と推定される。全長二七五メートルと、佐紀盾列《さきたたなみ》古墳群の中では最も大きい（奈良市山陵《みささぎちょう》町、近鉄京都線平城駅から徒歩十分）。この御陵には三年ほど前の寒い日、駅から狭い路地を抜けてカメラ片手に撮影に行った。ほかの御陵のような荘厳さが感じられず、寒々として宮内庁の治定《じじょう》間違いではないかと思った。そもそも神功皇后は、三世紀初頭に新羅征伐に向かったと想定されるから、当該古墳築造の年代が合わない。

宮内庁管理であるため神功皇后御陵は立ち入り禁止、人が寄りつかないほどに寂しい。なにやら薄気味悪い田舎道に、手入れがおざなりの御陵である。ただし御陵の手前に八幡宮があって、この神社には地元の人々が長い階段をあがって参詣に来る。八幡宮の拝殿が御陵を拝むスタイルとなっているのは、応神天皇陵と設計構造が同じである（羽曳野《はびきの》市にある応神陵の手前が壮麗な八幡宮総社だ）。

第二の鍵は敦賀《つるが》にある。敦賀は古代の日本海沿岸地域に存在した古志国の入口である。氣比《けひ》神宮がその謎を解くかもしれない。神功皇后は応神天皇を禊ぎさせるため、武内宿禰に案内させて敦賀へ行かせる。しかも氣比神宮で応神はイザサワケノミコト（伊奢沙別尊）から地元の神ホムダワケノミコト（誉田別尊）と名前を交換した。この〝儀式〟はいったい何を意味するのか？

敦賀は良港に恵まれ、北陸道から畿内への要衝、対外的には朝鮮半島や中国東北部への玄関口だった。後世「北陸道総鎮守」と称され朝廷から重視された。古代の地政学的な要衝であるばかりか、敦賀の氣比神宮は中世に越前国の一宮に位置づけられた。境内社の角鹿神社が「敦賀」の地名の由来、芭蕉の銅像が境内に立っている。神社の名称を氣比大神、もしくは氣比神とするのが『古事記』と『続日本紀』で、笥飯《けひ》神、或いは笥飯神とするのが『日本書紀』だ。

角鹿神社（氣比神宮内）

『延喜式』神名帳に「氣比神社七座」とある。応神天皇に食物を賜った神《ケヒ》は、ケが食物、ヒが霊の意である。「笥」は食器、「飯」は食物を表す。ケヒは角鹿の地名ともいわれる。氣比神社（神宮と呼ばれるのは近世から）と書くのは『日本後紀』である。

本文で詳述するが、応神天皇が敦賀の地元の神と名前を交換した意味は、ヤマト王権と古志国との「政治同盟」の成立である（古志は若狭、越前、加賀、能登、越中、越後、庄内南部にまたがった古代王権。神代ではオオクニヌシノミコトが「古志の女帝」＝ヌナカワ姫を嫁にもらいに行った）。

それ以前、近畿の地域王権が「ヤマト王権」であって、中央集権的統一国家が実現したわけではなかった。神武天皇は近畿の豪族連合の共同王と解釈すべきで、崇神天皇までの九代皇統譜は「豪族譜」と考えるべきだろう。

当時、全国統一はなされていないから「大和朝廷」という実態はともなっておらず、統一はヤマト王権の目標とするところであったにせよ、現実には出雲と連携があった程度だった。古志も吉備も筑紫も、ヤマト王権とは同格の地方地域政権が存在しており、それぞれに「王」がいた。つまり、ヤマト王権は有力な豪族たちの連合政権という性格があった。

まつろわなかった吉備を制圧し、北関東にまで統治を及ぼすには応神から六代後、第二十一代雄略天皇まで待たなければならない（『万葉集』と『日本霊異記《りょういき》』は雄略天皇の御製から始まっていることに格別の留意が必要である）。

筑紫を制圧するのは第二十六代継体《けいたい》天皇の晩年である（西暦五二九年頃）。すなわち、ヤマト王権の「大王」だった雄略天皇が全国制覇の実現に向けて確固とした歩みを始め、次第に「大和朝廷」という中央政府のかたちをとる。

第二十一代雄略天皇から第二十六代継体天皇にかけて、豪族の間の認識が変化した。その傍証は、たとえば屯倉《みやけ》の設置である。屯倉は食糧備蓄、武器庫からやがて国衙《こくが》（行政府）を兼ね、常備兵が置かれた。各地に設営された屯倉の配置と統治システムの構築の過程で、中央集権国家への歩みが徐々に流通を伴って本格化したのである。

◉三王朝交替説や騎馬民族説は何が目的か

第三の謎解きの鍵が、淡海《おうみ》（琵琶湖）から難波へと繋がる淀川水系である。この運送ルートは運輸、交通、交易、流通の大動脈。こんにちで言えば東海道新幹線に該当する。

古代史の地政学は河川、湖沼、潟《かた》、そして海である。

古志の南端・越前は敦賀から米原、彦根経由で大津へ向かう湖東ルート、若狭からの湖西ルートは現在の近江塩津あたりで合流し、琵琶湖を船で南下し、そのまま大津あたりから淀川を下る（陸路なら高島、安曇《あど》川、坂本を経由）。この交易路を確保するという意味は交易権の構築である（なお「古志」は「高志」、もしくは「越」と書き、越前は古志、越中は高志、越後は越を多用する）。本文に詳述するが、継体天皇が即位しても二十年近く大和は入らず樟葉《くずは》、筒城《つつき》、弟国《おとくに》と淀川水系の丘陵に遷都したのは、ヤマト王権守旧派の反対に因《よ》るのではなく、水運、流通ルートの確保にあった。

第四に戦後、突然でてきた三つの「新王朝説」という妖しげな言説である。あたかも歴史を否定するかのような新説がなぜ出てきたのか？

いうまでもなく、ＧＨＱの神道指令（巻末に資料として収録）に基づく神話の否定が元凶である。神話とは長きに亘って、おそらく数百、数千年の時間の経過を伴って語り継がれており、文字がなくとも口伝で村々の長《おさ》が伝え、子孫へ語り継がれた。イザ文字化したら、なんとも豊饒《ほうじょう》な日本語表記があらわれた。

江戸時代、山鹿素行や頼山陽の歴史解釈は北畠親房の『神皇正統記《じんのうしょうとうき》』の流れを汲んで、アマテラスから天皇は血脈で繋がっていると強調した。神武以来の万世一系ではなく、アマテラス以来の神々に繋がるのである。十七世紀の軍学者・山鹿素行は赤穂浪士の思想的支柱ともなり、幕末には吉田松陰が師と仰いだ。

戦前までの尊皇精神は、万世一系という動かしがたい史観に立脚していた。一九五二年に水野祐が『日本古代王朝史論序説』で「三王朝交替説」なる異説を唱えると、古代史を画期したなどと左翼陣営が高く評価した。それ以前に江上波夫が「騎馬民族征服王朝」を言いだし、論壇は王朝交替議論で沸騰した。こんにち水野、江上両説を顧みる人は少数派だ。

水野の三王朝交替説に対して批判が多いが、全く異なる血統による劇的な王権の交替があったと考える向きが増えたのは事実だ。三つの王朝交替とは第十代崇神天皇、第十五代応神天皇、そして第二十六代継体天皇を意味し、それ以前の皇統と血脈が繋がらないとする。崇神天皇はハツクニシラスミマキイリビコイニエの諡《おくりな》が象徴するように、神武天皇（ハツクニシラスカムヤマトイワレビコ）と同じ「ハツクニシラス」（初めて国を治める）で、事実上の大和朝廷創設者と科学実証主義からも位置づけられた。

しかし、応神も継体も万世一系を重んじて、皇統継続のために入婿のかたちを踏んだのだから新王朝とは言えず、万世一系は変わらないのである。血脈ではなく文化的統一性、その伝統の尊重である。なぜなら、「王権の交代」などと言っても中国史のような易姓革命は一度も起こらず、国体の転覆は一度もなかった。ゆえに「王朝交替」という「革命」ではない。政治の中心地が移動しただけで、劇的な権力の交替とは結びつかない。

第五の謎は、神功皇后が明治時代には政府紙幣の肖像画にも描かれていたのに、大正時代に科学的合理性が希薄だとして「皇統譜」から削除されたことである。戦後のGHQ命令ではなく、それ以前のこと。爾後《じご》、日本史の最初の女帝は神功皇后ではなく第三十三代推古天皇となった。推古天皇が最初の女帝と歴史教科書も書いている。

けれども、戦前までの国史教育では神功皇后が最初の女帝とされた。近代になって歴史学者たちは、なぜ神功皇后の存在に否定的となったのか（『日本書紀』も慎重に神功皇后を「摂政」としている）。

◉馬のネットワークの重要性

ＧＨＱ政策に便乗して皇国史観を否定するために、左翼学者等が奇説を流行させた泡沫的現象があった。代表格は「欠史八代」（神武以後、綏靖《すいぜい》天皇から孝元《こうげん》天皇までの八代は実在が疑わしい）を唱えた津田左右吉《そうきち》である。分かりやすく言えば津田左右吉は「ＧＨＱのパシリ」だった。

歴代女帝は推古以後、皇極《こうぎょく》・斉明《さいめい》天皇（五九四～六六一）がおられる。皇極は舒明《じょめい》天皇の后であって、天智《てんじ》・天武《てんむ》天皇は息子たちである。皇極天皇としての在位中に「乙巳《いっし》の変」がおこった。いったん孝徳《こうとく》天皇にリリーフしたが、実権は中大兄《なかのおおえ》皇子と中臣鎌足が握っていた。孝徳天皇は「日本」という国号を初めて用いた。難波宮《なにわのみや》で急に崩御されたため、皇極天皇が斉明天皇として重祚《ちょうそ》された。斉明在位中に白村江《はくすきのえ》の戦いがあり、自ら遠征途次の滞陣先で崩御。この女帝は「飾り」の要素が強かった。

持統《じとう》天皇（六四五～七〇二。在位は称制を含め十一年）は天智天皇が父、天武天皇（大海人《おおあま》皇子）に十三歳で嫁いだ。壬申《じんしん》の乱で夫が大友王子（後の弘文《こうぶん》天皇）に勝利したときも、桑名国衙《こくが》の陣中にあった。持統女帝はまれな戦闘精神を持ち、息子の草壁、忍壁《おさかべ》が早世したため草

応神から継体天皇までの系図

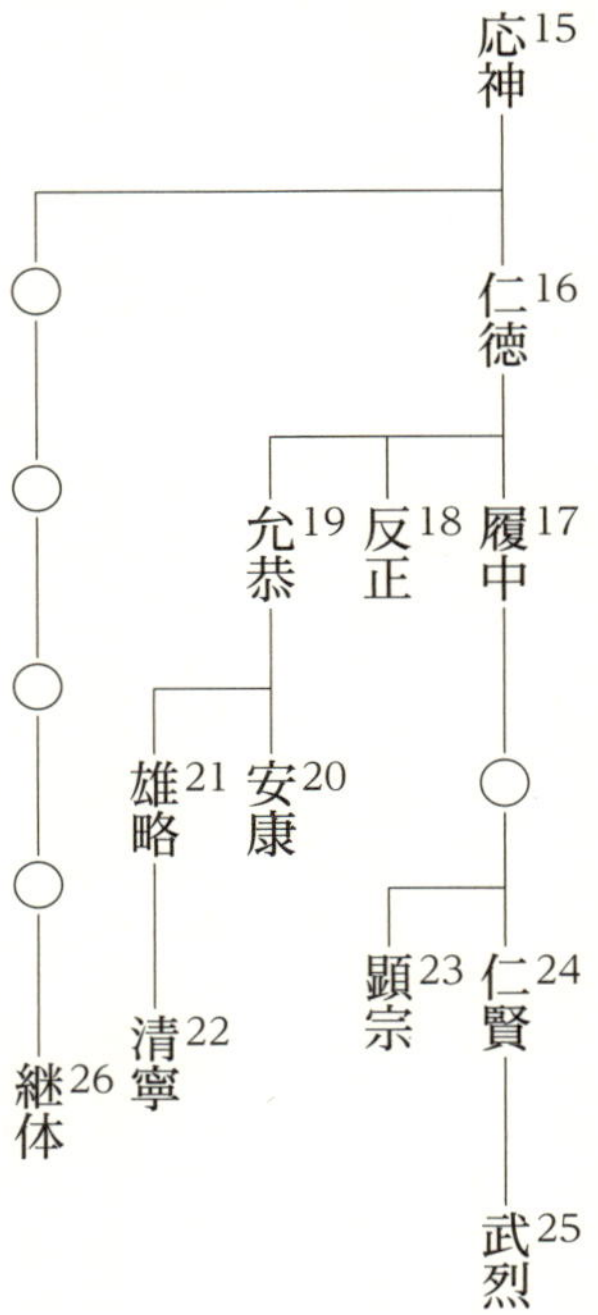

壁の子（文武《もんむ》天皇）擁立に奔走し、大津皇子らを排除した。伊勢神宮の式年遷宮を始めたのも持統天皇だ。藤原京に遷都し、また天皇葬儀を殯《もがり》から火葬へ切り替えた。個性の強い、自己の政治思想を表現した稀有の女帝で、側近は中臣鎌足の次男とされる藤原不比等《ふひと》だった。

元明《げんめい》天皇（六六一～七二一。在位八年間）は天智天皇第四皇女。持統天皇は異母姉にあたる。元明天皇期には平城京遷都、『古事記』の完成。和同開珎《かいちん》など業績が目立つが、文武天皇の崩御のあと、孫の首《おびと》皇子（聖武）が幼少のため中継ぎを務めた。

元正《げんしょう》天皇（六八〇～七四八。在位九年間）は草壁王子と元明天皇の内親王で、文武天皇の姉にあたる。独身女帝で聖武天皇は甥。やはり中継ぎの役割を演じた。長屋王《ながやおう》が実力者だった。長屋王妃の吉備内親王は姉にあたる。長屋王一家は藤原四兄弟が仕掛けた謀略によって排除された。元正天皇期に『日本書紀』の完成をみた。また養老律令の制定があった。ブレーンたちが合議でまつりごとを取り仕切った。つぎの女帝が仏教に淫した聖武天皇の内親王＝孝謙《こうけん》・称《しょう》徳《とく》天皇となる。その後は、江戸時代に明正《めいしょう》天皇と後桜町《ごさくらまち》天皇のふたりの女帝が後継男子が成人するまで称制をつとめた。

第六の謎は神功皇后の御代に起きた大変化、すなわち馬の輸入である。

これは当時の文明における産業革命と言ってよいだろう。馬が運輸、交易に革命をもたらしたばかりか、戦闘の方法も変えた。本格的には応神朝から馬が朝鮮半島を通じて日本に入ってきた。最初の馬はモンゴル馬だったらしい。日本で馬の養育、飼育が行われ、軍馬、駿馬、早馬など軍事目的から、やがて農耕馬にも使われ、あちこちの放牧地は「牧」「駒」が充てられ、また「馬込」「相馬」のように地名となる。

甲斐《かい》や駿河《するが》などで大量に馬が飼育された。輸入馬の多くは対馬を中継した。初の流鏑馬《やぶさめ》は欽《きん》明《めい》天皇期に宇佐で行われた。継体天皇陵から馬の埴輪が夥《おびただ》しく出土した。こうして概観してみると、神功皇后の対外躍進と戦闘力が浮かび上がってくる。同時に騎馬民族征服説が成り立たないことも鮮明になる。江上波夫が想定した、騎馬民族侵攻があったという年代に日本に馬は輸入されていないからだ。継体天皇の即位の裏で活躍した謎の豪族は河内馬養首荒籠《かわちのうまかいおびとあらこ》である。地方豪族か、たんに馬喰《ばくろう》の長なのか。しかし、河内馬養首荒籠は連《むらじ》を賜っているから豪族のなかでも顕官である。

『日本書紀』はヤマト王権に男大迹王《おほど》（継体天皇）の「知人」である荒籠がいたとある。この一カ所しか史書には登場しないが、彼が越前に密使を派遣して朝廷の動静を伝えたことになっていて、即位後、継体天皇は馬養首荒籠に対し、「汝がいなかったら、朕《ちん》は世間の笑いものにされていた」と述懐したという。

このニュアンスは古志王権をヤマト王権の下位に置いている。『日本書紀』は大和朝廷を正統とする史観である。

馬は神功皇后の時に新羅から輸入され、「応神記」では百済王が雌馬と牡馬一対を贈ったと明記している。急ピッチで馬の飼育が行われたので、五世紀末には河内一帯に馬飼集団の定着があった。『日本書紀』の天武天皇十二年（六八三）には、娑羅羅馬飼造《さららうまかいのみやつこ》・菟野《うの》馬飼造ほか十二氏族とともに連《むらじ》姓を授かったとある。連は豪族のなかでも上級ランクである。

また、『日本霊異記』に「河内国更荒郡馬甘の里」とあり、「讃良郡山家郷人宗我部飯麻呂馬七匹得四百六十」と墨書された天平十八年（七四六）の木簡が出土した。四條畷《しじょうなわて》市の蔀屋《しとみや》北《きた》遺跡からは、埋葬された馬の全骨格（体高一二四センチ）と鉄製の轡《くつわ》、鐙《よろい》、黒漆塗り木製鞍《くら》などが出土した。

こうみてくると馬のネットワークが構築されており、まさに今日のトヨタやベンツのような販売網が拡がって、それが同時に政治、経済、軍事の情報網だったのである。

古志（若狭から越前、加賀、能登《のと》、越中、越後から庄内まで）の豪族たちも馬を重要な戦略的要素、すなわち運搬、農業ではなく、初期の目的は軍馬としての活用だった。地方へ馬を運ぶ馬養は情報通としても各地豪族から尊重された。

現代人からみれば馬が戦略物資だったという認識はつかみにくい。大東亜戦争で農耕馬が軍馬として徴用され、その数およそ二百万頭（生還馬は数頭だけ）、靖国神社の中庭に軍馬、軍用犬と軍用鳩の彫刻像があって、荘厳に祀られていることを知ってますか？　戦後も馬がしばし農耕馬として使われたが、農耕機具、トラクター、耕耘機《こううんき》が発展し、農業馬の役目は終わった。筆者が子供の頃、農家の同級生の家へ行くと馬小屋があった。そうそう。筆者は高校時代、馬術部に所属した。

こうして急速な馬の普及は、種子島銃の伝播とその後の急速な拡大再生産と普及、信長が近江長浜の国友村に火縄銃を大量生産するハイテク製造工場をつくったような産業地図の激変と比肩《ひけん》できる。

◉歴史教科書に応神と継体がでてこない

第七の謎は、多くの歴史書の応神天皇と継体天皇に関する記述がなぜか異様に少ないことである。

『古事記』『日本書紀』『続日本紀』はもとより『大鏡』や慈円の『愚管抄』、北畠親房の『神皇正統記』、山鹿素行『中朝事実』、頼山陽の『日本政記』にも記述は少なく、そこで各地の稗史を集めると、前掲の史書とは別のことが書かれている。とくに『播磨国風土記』には、記紀にはない物語が多く綴《つづ》られており、登場回数が最も多いのが応神天皇、ついで神功皇后なのである。『常陸国風土記』にいたってはヤマトタケルと神功皇后を天皇と記述している（倭天皇とオキナガタラシヒメノスメラミコト）。

『古事記』は編年体ではないので、継体天皇の即時日も経緯も崩御の具体性に欠けるうえ享年も曖昧である。継体天皇が古志に迎えが来て、三度躊躇《ためら》いの後、即位するに至ったかの経緯には触れず、皇后、側室の名前を並べ、皇子たちを並べ、政治業績で書かれているのはただ一つ、筑紫君磐井《いわい》の反乱で、これもわずか二行である。したがって継体天皇の詳細を知るには『日本書紀』ということになる。

近年の歴史教科書をしらべて驚いたことがある。比較的正確で客観的とされる『中学社会・新しい歴史教科書』（令和六年市価版）、それに育鵬社の『新しい日本の歴史』にも応神天皇と継体天皇の記述がない！

神功皇后が新羅に勝って凱旋にあたり、瀬戸内海沿岸に多くの神社建設を発企し、香坂《かごさか》王、忍熊《おしくま》王らの軍隊と海戦のすえに住吉にたどり着いた戦跡を、これまでの歴史書がスルーしてきたのはなぜなのか？　動員兵力が数万とあるからには、壬申の乱に匹敵する内戦だったのではないのか。

神功皇后が穴門《あなとの》豊浦《とよら》の前線兵站《へいたん》基地へ向かって出発したのは、日本海沿岸ルートだっただろう。或いは若狭から丹後を抜けて琵琶湖から淀川沿いに難波まで降りたか？　後者ルートは物理的に問題が多いはずだ。凱旋して帰りの航路が瀬戸内海ルートだったことは明記されている。こんにちの瀬戸内海の静かなイメージとは逆で、古代の瀬戸内海は航海の難所ばかり、途中に夥しい船の停泊、補修、替え船の拠点がなければならない。幕末でも鞆《とも》（広島県福山市）などが中継地で、西郷も大久保も坂本龍馬も鞆に宿泊した宿が残っているように。

神武天皇東征のおりも、瀬戸内海から難波へ向かう船団にウズヒコという国つ神の水先案内人が現れた（『古事記』では「珍彦」）。神功皇后の勝利を導いた神々は、四つの神社（生田《いくた》神社、廣田《ひろた》神社、長田神社、そして住吉大社）に祀られた。筆者はすべての神社も足で歩いてみたので、想像を絶する苦難の航海だったことが偲ばれた。

古代史が歪《ゆが》んだ主因は、ＧＨＱの神道指令と絡んで戦後の歴史学者たちが科学的合理主義の塊となって大事なこと、つまり神秘性と神々という精神を意図的に論じなかったことが原因である。これらの謎の解明をこの小冊で挑むことにしたい。

第一章　神功皇后はなぜ敦賀から出航したのか

【この章のミステリー】

一、応神《おうじん》天皇は神功《じんぐう》皇后と仲哀《ちゅうあい》天皇が両親とされるが、武内《たけうち》の宿禰《すくね》の子ではないか？　呼び方は「武内・宿彌」か、「武《ぶ》・内宿彌《うちのあそ》」か？

一、応神は入婿のかたちで仁徳《にんとく》天皇らの父親となった？　仁徳の母親は仲姫《なかつひめ》である。記紀が仁徳天皇を褒め上げる理由は何か？

一、応神天皇が新羅生まれとする渡来人説は何が狙いなのか？　なぜ敦賀へ禊ぎに行かされ、敦賀の神と名前を交換したのか？

一、氣比《けひ》神宮の由来書と住吉大社との矛盾。

一、日本軍の新羅遠征、侵攻の事実は朝鮮側の碑文で明らかになった。

一、第十四代仲哀天皇の最初の皇后の皇子たちが「叛乱」を起こしたのは当然だった。応神がいきなり世継ぎと宣言されても受け入れがたい。しかし『日本書記』などは香坂《かごさか》王と忍熊《おしくま》王の「反逆」だと悪く書いた。

一、応神天皇がなぜ八幡《はちまん》信仰の源流なのか？　八幡様誕生の秘密は何なのか？

一、古墳のブームが推古天皇期まで続き、突如廃《すた》れた。その背景に何が起きていたか？

◉応神誕生前夜

古代史のスーパースターはヒーローがヤマトタケル（日本武尊）、ヒロインは神功皇后である。応神天皇は神功皇后の皇子とされ、ヤマトタケルの外孫にあたる。近代の歴史学では、このふたりの実在は立証出来ないとして、皇統譜からそそくさと削除してしまった。となると実在した応神天皇の御先祖はどうなるのか。

そもそも神武天皇以後、綏靖《すいぜい》、安寧《あんねい》、懿徳《いとく》、孝昭《こうしょう》、孝安《こうあん》、孝霊《こうれい》、孝元《こうげん》、開化《かいか》天皇までは「皇統譜」というより「豪族譜」だった。ヤマト王権は近畿にやってきた神武天皇を豪族たちの連合政権の共同王として祭り上げたのである。

科学的合理主義が歴史に入り込むとヒストリーはストーリーではなくなり、合理で解けない史実は排斥され、実証主義の罠に陥る。キリスト教世界では『聖書』に書かれたことを疑わないのだが、日本の近代主義信仰は、民族の浪漫を合理主義の名の下に抹殺してしまった。

日本にとって最初の対外戦争は白村江《はくすきのえ》ではなく、神功皇后に一括された日本軍の三韓征伐である。その前後にも出兵記録が幾つもあるが詳細は不明、複数の小競り合いを記紀はすべて神功皇后の条に一括してしまった。なにしろ『日本書紀』成立（西暦七二〇年）のおよそ四百年前の出来事だから、誰も正確に記憶しているはずはなく、言い伝えをまとめたのである。
神功皇后は『古事記』では息長帯比売命《おきながたらしひめのみこと》、『日本書紀』では気長足姫命となっている。皇后は気長宿彌《おきながのすくね》の女《むすめ》、つまり仲哀天皇の皇后の一人で、宿彌の娘となると、たとえ皇族出身ではあっても序列は低いことになる。

仲哀天皇が越前に御幸したおりは神功皇后以下、群臣の多くが従った。この敦賀に神功皇后は暫し滞在し、一方、仲哀天皇は一行と別れて紀州へ向かい、蕃族《ばんぞく》を退治したとある。敦賀に神功皇后が留まった理由は古志と近江の豪族たちを糾合し、船を建造し、仲哀天皇が要請したごとくに穴門豊浦宮《あなとのとよらのみや》（山口県）の行宮《あんぐう》に集合する態勢作りにあった。穴門の跡地は忌宮《いみのみや》神社（下関市長府）である。社殿案内板によれば、仲哀と神功皇后はここで七年間を過ごしたことになっている。

ちょっと待った、だろう。ならば留守の七年間は誰が飛鳥から河内にかけてのヤマト王権を守り、天皇代行を務めたのか？　都の留守居の責任者は誰で、また天皇代理代行が任命されていたのではないのか？

古代の時間の数え方は農業暦で半年が一年だから半分としても三年半、豊浦行宮にいたのは兵の募集と訓練、軍備の整備に加えて軍船の建造、武器の製造などに費やした時間だったと推定できる。実際に忌宮神社に行くと、なんとなく軍営地という雰囲気がある。

新羅を相手にした軍事衝突で日本が連続的に勝利した。主役は男装の麗人、というより日本史上稀な女傑。出陣のおり、ミズラに髪型を変えて部下を武者震いさせた神功皇后である。

神功皇后は出陣を前にかく宣言したと『日本書紀』はいう。（岩波版第二巻144p）

「夫《そ》れ師《いくさ》を興《おこ》し衆《もろもろ》を動《うごか》すは、国の大事《おほきこと》なり。安さも危《あやう》さも成り敗れむこと、必《ふつく》に斯《これ》に在《あ》り。今征伐《う》つ所有り。事《こと》を以《も》て群臣《まへつきみ》に付《さづ》く。若し事成らずば、罪群臣に有らむ。是、甚だ傷《いた》きことなり。吾婦女《われたおやめ》にして、加以《また》不肖《をさな》し。然《しか》れども暫《しばら》く男《ますらを》の貌《すがた》を仮《か》りて、強《あながち》に雄《をを》しき略《はかりごと》を起《おこ》さむ。上《かみ》は神祇《あまつかみくにつかみ》の霊《みたまのふゆ》を蒙《かうぶ》り、下《しも》は群臣《まへつきみたち》の助《たすけ》に籍《よ》りて、兵甲《つはもの》を振《おこ》して嶮《たか》き浪《なみ》を度《わた》り、艫船《ふね》を整へて財土《たからのくに》を求む。若し事成らば、群臣、共に功《いさをしきこと》有り。事就《な》らずば、吾独《ひとり》罪有れ」

なんとも勇ましき兵隊への鼓舞であろうか。「戦争は国の大事であり、失敗したら自分一人が責任を負う」と宣言しているのである。この「天皇」の揺るぎなき信念は昭和天皇の終戦の詔《みことのり》にきちんと受け継がれている。

仲哀天皇はヤマトタケルの皇子ゆえに雄壮なる武将をめざし、まずは父の果たせなかった蓄族の退治、熊襲《くまそ》、隼人《はやと》、土蜘蛛《つちぐも》の制圧が優先する基本方針を貫こうとしていた。熊襲退治の前衛基地が穴門豊浦の行宮だった。地元の稗史では熊襲が新羅と組んで、この穴門豊浦宮を襲ったが撃退したという。

記紀にはそんな話は書かれていない。もし後者が真実だったなら、これは紛れもなく外国軍の力を借りた内戦であり、官軍の前衛基地に天皇自らが出陣していたことになる。

話をもどすと、神功皇后の敦賀出航がなぜ特筆されているのか。このポイントを見逃しがちである。というより多くの歴史学者たちは、この方面の考慮をしてこなかった。

神功皇后はオキナガタラシヒメの名前がしめすように、息長氏は琵琶湖東岸を基盤とした豪族だから、敦賀は近いうえ親戚や同盟者が多くいた。

オキナガタラシヒメが仲哀天皇に嫁いだ意味は、ヤマト王権側から言えば、近江勢力を糾合する政治目的があった。

湖東は木之本《きのもと》、長浜、米原、彦根、野洲、栗東《りっとう》、草津、石山、大津と文明的に開けた地区であり、ヤマトタケルが負傷した伊吹山は米原のすぐ東である。長浜と言えば戦国時代の浅井氏の地盤、家康が闘った姉川があり、秀吉が攻めた横山城、北西部には賤ヶ岳《しずがたけ》、この地で柴田勝家を破った秀吉が天下取りの飛躍拠点となり長浜は秀吉の出世城となった。湖東は日本史には欠かせない場所だ。

なぜこのとき彼女は敦賀にいたのかを、後の応神天皇の敦賀への禊ぎ行と重ねて勘案すると、強力な磁力と地縁を感じる。ヤマト王権に匹敵したか、もしくは凌駕していた「古志王権」に吸い寄せられたのである。

◉翡翠はステイタス・シンボル

神功皇后を支援する豪族たちが近江、若狭、越前に割拠していて、古志のほかの地域からも動員された可能性がある。ただし「古志王権」と言っても、あの広くて長大な日本海沿岸をまとめた強い豪族がいたという証拠はない。おそらく港港に交易基地、中継倉庫、宿、替え船と替え人足が待機し、その港湾のギルドのような連合組織があったのではないか。

古志の交易に携わった人々はすでに朝鮮半島と頻繁に行き来があり、航海にも慣れていた。まして神功皇后は近江の生まれで、敦賀の勢力圏にあった。近江から言えば敦賀との強い絆が生存の必須条件だった。

当時、敦賀を含む古志の繁栄は朝鮮半島との貿易で巨富を築いていたわけで、ひょっとするとヤマト王権より豊かだったのではないか。縄文時代から交易は盛んで、古志の糸魚川《いといがわ》の翡翠《ひすい》や加賀・小松の碧玉《へきぎょく》も各地の古墳から出土している。

とくに翡翠は威信財であり宝飾品、三種の神器の勾玉《まがたま》の材料である。日本列島のあちこちの古墳から出土している。古墳の副葬品ばかりに目を奪われがちだが、三内丸山《さんないまるやま》など縄文遺跡の墓地からも副葬品としてイヤリング、首飾り《ペンダント》、ブレスレットなど多彩なアクセサリーが出土していて、翡翠が材料のものが夥しい。ぴんとこない人はデビアスのダイヤモンド、ティファニーのペンダント、ブルガリのイヤリングのもつ妖しい魅力を、その威信財として、ステイタス・シンボルとしての輝きと、糸魚川の翡翠と比肩すれば納得がいくだろう。身分の違いは縄文時代から歴然とあったことが了解出来る。

翡翠需要の強さが推測できるわけだが、産地は糸魚川の上流、古代に重宝された後、明治時代まで長い間忘れられていた。近代になって早稲田大学校歌の作詞家としても知られる相馬御《ぎょ》風《ふう》が「あの光る石は伝説の翡翠ではないか」と改めて発見し、松本清張が『万葉翡翠』を書くと、ブームの再来となった。碧玉は石英の結晶、宝石の一種で、古代では勾玉、装身具などに活用された。佐渡の「赤玉石」、出雲玉造の「玉造石」、津軽の「錦石」が碧玉に該当する。

糸魚川はフォッサマグナの北端、地質学的にいえば東北日本と西南日本の境目となる地帯である。古い地層でできた本州の中央をU字型の溝が南北に走り、その溝に新しい地層が溜まっている地域で、この地質的な特徴から翡翠が出土するのである。

敦賀に滞在した神功皇后にとって、日本海沿岸を伝《つた》って丹波、因幡《いなば》、出雲を回航し仲哀天皇が退陣したまま住まわれていた仮宮へ行くことなど易しい行為であり、朝鮮半島へ渡海となると水先案内も果たした。熊襲退治を主目的としていない。

つまり神功皇后の船団は最初から新羅へ向かう軍団だったのだ。宝物があそこにある、利権が転がっているというのが秘められた野心で、仲哀天皇とは最初から基本的な齟齬《そご》があった。だから軍略をめぐって対立した。仲哀天皇期の政策決定は神功皇后と武内宿彌側が主導していたことになる。

神功皇后が仲哀天皇と合流し、豊浦行宮を引き払って筑紫の香椎《かしい》に仮宮を営む。軍営地で住吉三神のお告げを聞いた。しかし、仲哀天皇が熊襲退治を優先すると言い張り、琴を演奏中、急死した。暗殺とみる向きもある。

神のお告げは新羅に宝物があるから熊襲退治など後回しにし、ただちに新羅征伐の船団をしたてよ、ということになっている。神功皇后は「新羅を退治すれば熊襲は降伏する」と主張した。熊襲対策を吉備鴨別《きびのかものわけ》に任せ、勢いよく新羅征伐へ向かった。吉備鴨別は、『日本書紀』に登場するのだが、吉備氏一族の笠臣《かさのおみ》（笠氏《かさし》）祖。香椎行宮に留守居を置いて仲哀天皇の死を伏せ、遺体を密かに豊浦行宮に移して殯《もがり》を営ませた。

『古事記』の戦果記述では、神功皇后の遠征船団を魚の大群が背負い、どんと新羅の真ん中へいきなり攻め入ったなどというのだが、こうした御伽話《おとぎばなし》のような戦記は眉唾にしても、出征中に妊娠に気が付き、おなかを縛って出産を延ばした。この話は矛盾しており、真実は胎中天皇だと宣伝しつつ、応神の生誕はじつは仲哀天皇崩御から三年後とされるのである。

「(敗戦した)新羅国は御馬甘《みまかい》と決め、百済国は渡りの屯家《みやけ》と決めた。大后は手にした杖を新羅の国王の門のところに突き立てた。墨江大神《すみのえのおおかみ》(住吉大社)の荒御魂をこの国を守る神として祀ることとした上で、海を渡って帰国した」(池澤夏樹訳『古事記』、河出書房新社)

このあたりの記述が突拍子もなく異質でSF的である。だから歴史学者は神功皇后の実在を疑ってきた。筆のはこび、表現する文体が翔んでいて、むしろリアルではないという感想を持つ。ただし、大事な点は住吉の神を新羅の主神としたことで、事実上の植民地化である。史実はそこまでのレベルではなかった。

日本軍(神功皇后とは特定していない)の新羅(三韓)征伐があったことを証明した石碑が皮肉なことに旧高句麗《こうくり》(現在は中国吉林省集安)で発見された「広開土王碑《こうかいどおうひ》」だ。高句麗全盛期(四~五世紀)の国王・広開土王(好太王)の功績を顕彰する目的で、長寿王《ちょうじゅおう》が四一四年に鴨緑江《おうりょくこう》中流の丸都《がんと》城《じょう》付近に建てた。この石碑は古代高句麗の歴史ばかりか、当時の朝鮮の国際関係を述べ、日本がなした戦績も銘記した。石碑の高さが約六メートル、幅が一・四メートルから一・九メートルで、文字が一八〇二字からなる。二十年近く前に長春に滞在したおり、筆者も長距離バスに揺られて集安へ南下し、広開土王碑の撮影に行った。韓国からのツアー客が多く、日本人は誰もみかけなかった。

広開土王の石碑を現代日本語に抄訳すると、およそ次のことが書かれている。

「百済・新羅はもと高句麗に服属する民で、これまで高句麗に朝貢してきた。ところが、倭が辛卯の年（三九一年）以来、海をこえて襲来し、百済や新羅などを破り、臣民とした。そこで好太王は、三九六年にみずから水軍をひきいて百済を討伐した……百済王は困って好太王に降伏して自ら誓った。これからのちは永くあなたの奴隷になりましょうと。三九九年、百済はさきの誓約をやぶって倭と通じたので、好太王は平壌へ行った。そのとき新羅は使いを送ってきて好太王に告げた。『倭人が国境地帯に満ちあふれ、城を攻めおとし、新羅を倭の民にしてしまいました。私たちは王に従ってその指示をあおぎたいのです』と。好太王は歩兵と騎兵あわせて五万の兵を派遣して新羅を救わせた。その軍が男居城から新羅城に行ってみると、倭の兵がその中に満ちていたが、高句麗軍が到着すると、退却した」

すなわち、倭が新羅や百済を臣従させたと記され、新羅と百済が王子を日本に人質に差しだした。前方後円墳が朝鮮半島南西部にまで分布しているのは、日本の統治下だったからである。朝鮮半島南部に任那日本府（加耶と呼んだ時期もある）があった。だから白村江の戦いは日本が統治していた領土の防衛、保護が目的だった。

朝鮮半島南部の前方後円墳は、とくに全羅道の栄山江流域に集中し、日本の大和朝廷型のものが十数基。五世紀後半から六世紀前半の築造と測定されている。百済の領内で、時代的には所謂《いわゆる》「倭人」が住んでいた場所である（本書で倭人と書くのは日本人同胞という意味で『魏志倭人伝』ですら朝鮮半島南部も倭人の領域としてある）。

墳形サイズ、埋葬施設が画一的ではなく、一部の古墳には環濠《かんごう》、葺石《ふきいし》・埴輪《はにわ》が残存していた。なかには横穴式石室があり、日本列島の前方後円墳に共通する。ただし、墳丘・施設は模倣だとしても、副葬品に日本とは別の百済系・加耶《かや》系の文物が混在しているため、全部が倭人の築造だったとは断定できない。

◉朝鮮半島南部にも「倭人」が多数いた

日本のことを「倭」と言い出したのは『魏志倭人伝』からだ。

北畠親房は『神皇正統記《じんのうしょうとうき》』のなかで、日本からの使節が「我《わ》」と言ったのをシナの右筆《ゆうひつ》が聞き違えてワを倭と充てたのだとする。その『魏志倭人伝』でも「倭人」とは朝鮮半島南部に住む人を含む。縄文時代に南方から海流に乗ってやってきた人々が、沖縄、九州、紀州へ流れ込んだ集団と、海流の加減で朝鮮半島の南部へ流れた集団があり、もともとは縄文同胞だった。

「朝日新聞」（令和五年九月二八日）の報道を次に掲げる。

「弥生人像、核ゲノム分析が変える――古人骨の核の遺伝子分析を最新機器が可能にした。（中略）意外なことがわかってきた。渡来人の故郷である当時の朝鮮半島にも、縄文人に似た遺伝的要素をもつ人々がいたらしいのだ。つまり、二重構造モデルではまったく異質なはずの列島往来系と渡来人がじつは縄文時代以前から海を挟みつつ同じ遺伝子を共有していた」

世界史でみると次のような例がある。

モンゴル系遊牧民が中央ヨーロッパに進出し、彼らがユダヤ教に改宗したのが今日のユダヤ人の多数派であるとする説は、半世紀ほど前に突如流布した。

嚆矢《こうし》は『アメリカの鉄のカーテン』を書いたジョン・ビュティとされ、ユダヤ人が欧米のメディアを握り、かれらの不都合な真実が伝わらないように鉄のカーテンを降ろしたのだとの社会分析のついでに「ハザール説」を唱えた（ハザール人がユダヤ教に改宗したのがユダヤ人だという説）。ベストセラーとなったのはアーサー・ケストラーの『十三支族』、そしてシュロモー・サンド『ユダヤ人の起源』、マイケル・グラントの『ローマ世界のユダヤ人』と続く。グラントの説では、ローマ帝国の最盛期に八百万人のユダヤ人がいたと、人口比からの影響力を説いた。

最新の医学の発達はDNA鑑定である。結果、ユダヤ人とハザール人とは遺伝子の繋がりがないと証明され、ジョン・エンティンは『アブラハムの子孫たち――人種、アイデンティティ選民のDNA』を出版して世の中に訴え、同様にハリー・オストレーが『ユダヤ人の遺伝史』という医学専門書で学問的な証明を行った。

日本の古代史で、歴史学者が「朝鮮半島を経由して渡来人が文字や窯業、建設技術、土木の新技法などを日本に伝えた」と、〝渡来人〟への高い評価である。これはおかしくないか。ハザール人説とまったく逆で、古代の「渡来人」とは「倭人」のこと、かれらは「帰国」したのであり、この点では『魏志倭人伝』がちゃんと書いている。倭人は半島南部にも大勢いる、と。

歴史学者の合理主義が軽視したのは、出航前に神功皇后が神秘的な儀式を行っていることだ。近代合理主義は神秘を敬遠する。しかし、歴史とは神々との繋がりで成り立っているのである。

古代において神秘の儀式こそ民衆の崇拝と尊敬を集める儀式で、統治者には不可欠の条件だった重大要素を忘れがちである。

日本の天皇は皇帝でも王様でも首長でもない。天皇は祭祀王である。

ウケヒという神道の秘術に基づいて、ときに天皇自らも実践する儀式、どのような次第で行われるかは個々の特質があって詳細は分からない。七世紀後半、大海人皇子《おおあまのおうじ》（天武天皇）は吉野で蹶起《けっき》し、「壬申の乱」を引き起こすが、伊賀を越えて不破関《ふわのせき》（関ヶ原）へ向かう途次、軍団を鼓舞するために、伊勢神宮に向かってウケヒを行うと雷雨があった。皇后の持統天皇が伊勢神宮の式年遷宮を始めるほど伊勢信仰に篤《あつ》かったのは、このウケヒとなんらかの因縁があるだろう。後醍醐《ごだいご》天皇が蹶起を決意したのもウケヒに拠った。

神功皇后はまず松浦の海岸で釣り糸を海に投げると珍しい魚を得た。

「皇后、則ち神の教《みこと》の験《しるし》有ることを識《しろ》しめて、更に神祇《あまつかみくにつかみ》を祭り祀《いのりまつ》りて、躬《みづか》ら西《にしのかた》の征《う》ちたまはむと欲《おもほ》す。（中略）、皇后、武内宿彌を召して剣鏡《たちかがみ》を捧げて神祇に祷祈《いの》りまさしめて、溝《うなで》を通さむことを求む。則ち当時《とき》に、雷電霹靂《かむとき》（急な雷鳴、雹《ひょう》を降らす）して、其の磐を踏み裂きて、水を通さしむ」（岩波文庫版『日本書紀』）

まるでモーゼがエジプトから逃れるときに海を二つに割った奇跡のようだ。シャーマンのごとく、神功皇后が祈れば岩をも砕き道を開く奇跡となった。これは神業を披露するカリスマの演出といえる。現実に日本最古とされる用水路が当該地に残っている（福岡県那珂川《なかがわ》市山田五四〇番地の『裂田《さくた》の溝《うなで》』）。

各地から軍船が集まり始めると、また儀式を挙行する。

敦賀市郊外の常宮《じょうぐう》神社は氣比《けひ》神宮と深い関係にあり、祭神は天八百萬《あめのやおよろず》比咩命《ひめのみこと》（越前特有の養蚕の神）。通称「常宮大神」と呼ばれて神功皇后、仲哀天皇を祀る。四つの摂社はそれぞれ日本武尊、応神天皇、玉姫命《たまひめのみこと》（神功皇后の妹）、そして武内宿禰である。もう一つ、敦賀市内の劔《つるぎ》神社は応神天皇を祀る。いずれも航海の安全を祈った。

神功皇后のウケヒは続く。

「皇后の曰はく、必ず神の心ならうとのたまひて、則ち大三輪社を立てて、刀矛を奉りたまふ。軍衆自づから集る。（中略）和魂（にぎみたま）は王身に服ひと寿命を守らむ。荒魂《あらみたま》は先鋒として師船を導かむとのたまふ」（『日本書紀』）

出航すると風の神が順風となり、太陽は波をあげ、海中の大魚が船を推進させ、まさに天神《てんじん》

武内宿彌摂社（敦賀市郊外の常宮神社）

地祇《ちぎ》が航海を助けたとなる。住吉三神を祀ることになる所以である。

『播磨国風土記』の「因達《いだて》の里」の条には神功皇后がこの地を通過した際に、舳先にいた伊《い》太代《だて》の神（新羅系の神）も因達《いだて》に鎮座され航海の安全を祈ったとある。

ともかく行く先々で神功皇后は神がかりな儀式を行い、奇跡を起こす賑やかしさを伴った。

◉凱旋に待ち受けていた罠

新羅を征伐し、凱旋し穴門豊浦の行宮から難波へ向けての帰路は瀬戸内海が航路で、途中に待ち伏せしていたのが香坂《かごさか》王と忍熊《おしくま》王である。

ふたりは仲哀天皇の前の皇后オオナカツヒメとの間に生まれた、いわば嫡流である。

正統後継と認識するふたりは〝官軍〟に命じて、播磨《はりま》に軍事砦を構築するために淡路から巨石を運んだ。各地の豪族に命じて兵を動員し、神功皇后の船団を待ち受けた。数千から数万の動員があったと書かれているが、おそらく数千。兵力から言えば待ち伏せ側が優勢だった。この危機を神功皇后は神がかりの儀式と神々の加護によって切り抜けた。この詳細は後節にみる。

大和へ凱旋した神功皇后は皇子（応神天皇）を敦賀に赴かせて禊ぎをさせ、イザサワケノミコト（伊奢沙別尊）からホムダワケノミコト（誉田別尊）に改名した。ことほど左様に敦賀に執拗にこだわっている理由はなんだろうか？

「近年の考古学の発掘や研究の成果を導入して考えれば、日本海域にはヤマトを中心とした文化圏とは別の『日本海文化圏』とでも呼ぶべき領域が存在し、大きな勢力をもっていた」（三浦佑之『古事記を読みなおす』、ちくま新書）

三浦佑之は、そのひとつの象徴が巨木を環状に立てたウッズサークル（真脇《まわき》遺跡、チカモリ遺跡、出雲、諏訪大社の御柱祭に共通）ではないかとする。ウッズサークルはストーンサークル（環状列石）と同様に祈りの場所であり、高い木々を伐採し、縄文尺を用いて設計して建立した、大規模な土木工事、いわば一大プロジェクトである。たとえば諏訪大社の御柱祭、伊勢神宮の式年遷宮など神聖な神木を伐採し、大がかりに運ぶ儀式から始まるように。典型のレプリカは能登の真脇遺跡である。

令和六年の能登半島沖地震で能登町は輪島、珠洲《すず》と同様に甚大な被害を受けたが、真脇遺跡の縄文住居跡と、このウッズサークルは倒壊しなかった。

それはともかく、古志と出雲と信濃の政治連盟がヤマト王権と対立していた。

貿易の中継地として敦賀は大いに栄えた。政治政略的に地勢を判断すれば、関西へのルートは若狭から湖西を抜けて信長時代の鯖街道を物資が運ばれるか、愛発関《あらち》を越えて琵琶湖（当時は淡海と言った）を船で渡り淀川水系から河内、難波へ送る。

また、美濃から尾張へのルートも開拓されていたと推定されるのは、美濃勢と尾張氏がはやくからヤマト王権に包摂されていたからだ。尾張氏の始祖は神武東征のおり、神武天皇に協力した吉野の豪族・高倉下《たかくらじ》だった。天照大神《あまてらすおおみかみ》は神武一行の苦戦を聞いて高天原から霊刀（布都御魂剣《ふつのみたまのつるぎ》）を高倉下に降ろした（この霊刀は石上《いそのかみ》神宮にある）。

神代、高天原を追放されたスサノオは出雲へ流れ、八岐大蛇《ヤマタノオロチ》を退治した。『古事記』では「高志（古志）の八岐大蛇」とわざわざ「古志」を挿入しているのは、古志の兵団が出雲に侵攻したからである。

八岐の大蛇とは古志軍八個旅団ほどの規模を意味するのだろう。それまでに姉たちが人身御供《ひとみごくう》となったというのは、出雲の王女たちが古志に人質に取られていたことを指すのではないか。いまも島根県に「古志」の地名が二、三カ所に残っている。地名の由来は『出雲国風土記』にちゃんと記されている。

スサノオの詠んだ出雲八重垣の歌をご記憶だろう。

「八雲立つ　出雲八重垣　妻籠みに
　八重垣つくる　その八重垣を」

国文学者は連句のような良い歌で新婚の風情があると解釈し、古代学者もそれに従うが、誰も軍事的意味に解釈しなかった。

これは出雲が古志の復讐に備えて軍事砦を築城せよと言っているのである。

やがてスサノオの五世孫、オオクニヌシノミコトが八千矛《やちほこ》と名乗って糸魚川へ向かい、「古志の女王」ヌナカワ姫に求婚する。もし拒否されたら花々を摘んで枯らし、虫たちを殺すという脅迫の台詞が書かれている。これは軍事的な報復行動であり、軍事侵攻宣言であり、ヌナカワ姫は求婚に応じた（拙著『禁断の国史』、ハート出版を参照）。

この部分を素直に読み飛ばすと恋愛物語になるが、出雲勢の古志への軍事侵攻だったと考えるほうが理に適《かな》っている。

遠い出雲から軍団を率いて古志にやってきたオオクニヌシは、求婚が政治同盟の成立であるとの認識に加えて、どうしても翡翠の鉱山利権を独占したかったのだ。現代世界でいえばコバルトやレアアースを戦略物資と位置づけているように。

かくして、政略結婚とは豪族同士が安全保障の取り決めとしてさかんに行ったもので、平安から江戸時代にも政治的レベルでは行われた。ロシアに嫁いだエカテリーナ女王はドイツからの輿入れだったように欧州をみても明らか、およそ総ての欧州の王室は政略結婚でかたく結ばれているではないか。

◉オオクニヌシの求愛の歌の裏読み

『古事記』の現代語訳は多くが試みた。ちなみに筆者の手元には林房雄、蓮田善明、石川淳、池澤夏樹らの現代語訳がある。それぞれの訳文に味わいがある。

『日本書紀』は宇治谷孟《つとむ》が全訳をなしたほかに、井上光貞監訳本があり、抄訳を坂本太郎、福永武彦、竹田恒泰らが現代語に訳している。直近では寺田恵子現代語訳・解説『日本書紀』

（グッドブックス）全八巻の刊行も始まった。

『古事記』は素直に「古志の八岐大蛇」と叙しているけれども、『日本書紀』は「古志」を意図的に書かないで悪を退治した物語としている。大蛇に飲ませた酒について、寺田女史は「果実酒」だと推定されているが、さて果実酒で大蛇が悪酔いするだろうか？　縄文時代から栗が栽培されていた。栗を蒸留すれば焼酎ができたはずだし、「葦原の瑞穂《みずほ》の国」だったわけだから、縄文後期から米作は普及していた。

寺田の解釈はまっとうなもので、八岐大蛇は暴れ川だった斐伊《ひい》川の神で、奇稲田姫《くしなだひめ》の姉妹が毎年一人ずつ食べられたという意味は水害で田畑が破壊されて、それをスサノオが救った。それゆえ「稲作を水害から救う英雄」とみる。尾から剣がでる意味は斐伊川上流が鉄の産地で、この川では砂鉄がとれたということ。つまり「古くから暴れ川だったこの川と農耕民との戦いの歴史に治水工事の技術を知っている英雄がやってきて農耕民を救ったエピソード」とまったく善意の解釈をしている。

現代世界の宝飾のトップはダイヤモンドだが、かつてデビアスが寡占して巨万の富を築きあげた。かのマルコポーロの『東方見聞録』を読んでその記述を信じ、あの時代の西洋人は「黄金の郷＝ジパング」へ行けば大金持ちになれると信じたように。

『古事記』でオオクニヌシ（八千矛）の求婚の言葉は歌に置き換えられている。

八千矛の神の命《みこと》は　八島国《やしまくに》　妻まきかねて
遠遠し古志の国に　賢《さか》し女ありと聞かして
麗《くわ》し女をありと聞こして
さ婚《よば》ひに在り立たし（中略）
青山に　鵺《ぬえ》は鳴き　さ野つ鳥　雉《きぎし》は響《とよ》む
庭つ鳥　鶏《かけ》は鳴く　慨《うれ》たくも
鳴くなる鳥か　この鳥も　打ち止め臥《こ》せね
いしたふや　天馳使《あまはせづか》い　事の　語りごとも
此《こ》をば

ヌナカワ姫は八千矛の求婚を一晩考えて応じた。

これで出雲と古志の政治同盟が成立したのである。新潟県に出雲岬という地名が残っているのも傍証になる。くわえて、上越市の居多《こた》神社にはオオクニヌシとヌナカワ姫の仲むつまじい銅像が建立されている。この居多神社にも私は二回撮影に赴いているが、ふたりのブロンズ像はいつみても微笑ましい。地元の人々の願いがこもっている。

ヌナカワ姫（糸魚川駅前）

ヌナカワ姫の郷は翡翠の産地で、それもオオクニヌシの野心的な目標だったことは述べた。ふたりの間に生まれたのがタケミナカタとするのは『先代旧事本紀《せんだいくじほんぎ》』である。またミホススミという姫を産んだと『出雲国風土紀』にあり、この姫が境港の美保神社に祀られている。これらの逸話、記紀にはでてこない。

　タケミナカタは高天原から派遣されたタケミカヅチ（鹿島神宮の主神）の恐喝に怖じけづいた父オオクニヌシの国譲りに反対したため、タケミカヅチとの勝負に敗れ、遠く諏訪へ投げ飛ばされた。タケミナカタは諏訪神社の主神となった。

諏訪から北西へ行くと長野、その北の山奥に鎮座するのが戸隠神社。その奥宮の主神はアメノタヂカラオ、天岩戸をこじあけた強力《ごうりき》の持ち主で、その岩戸が信濃まで飛んだので岩戸を隠したのが戸隠の由来となった。

◉政略結婚は古代からまつりごとの中心だった

現代人からみると、政略結婚とは古めかしい因習、悪習という印象を抱くだろう。古代では政略結婚が政治の要であり、換言すれば人質をさしだして同盟を誓約するのである。

歴代天皇に后が複数のうえ側室が多いので、古代の天皇は性豪ぞろいかと錯覚しそうだが、単に女好きではなく、それがまつりごとの中軸にあって、また活気ある子供たちを産む制度だったのである。

たとえがふさわしいかどうかは別にして、動物行動学研究家の竹内久美子は「三度の結婚で得た子は免疫力に強く遺伝的バリエーションに富む」とし、「トランプ——妻三人、子五人は男の手本だ」とする。

出雲はオオクニヌシノミコトが譲渡し、国譲りの美談として書かれているが実態はタケミカヅチ（鹿島神宮の主神）、もしくはフツヌシ（香取神宮の主神）の軍事的恐喝の前に降伏したのである。古志もその前後に出雲に準じて、ヤマト王権と初期的な同盟関係を築いていたと推測される。

それゆえに神功皇后は敦賀に滞在した。新羅に勝って凱旋後も応神を敦賀へ禊ぎに送り、同盟関係の再確認をさせたのである。なぜなら、香坂王と忍熊王との軍事衝突を片付けたとは言え、ヤマト王権の安定を誇示する必要があった。

神功皇后の皇子、応神天皇は仲姫《なかつひめ》皇后のほかに嬪《ひん》、夫人、側室多数を擁し、『日本書紀』で応神の子は二十人、『古事記』では二十六人にのぼる。

大正十五年までの「皇統譜」では第十五代天皇は神功皇后だった。切手や貨幣の肖像にもなっていた。明治十四年に発行された一円札の肖像画は神功皇后。それゆえに皇統譜では第十六代が応神、第十七代が仁徳天皇だった。

『古事記』は倭建命《やまとたけるのみこと》（日本武尊）の御子が第十四代仲哀天皇として即位したとしている。仲哀はヤマトタケルの異母弟説もあるが、叔父の成務天皇が崩御したことにより皇統を継いだ。近年のこの成務天皇と仲哀天皇は架空の天皇で実態は武内宿彌だったとする説が存在することも付け加えておく。武内宿彌《たけうちのすくね》の呼び方は「武内・宿彌」か「武《ぶ》・内宿彌《うちのあそ》」かも議論が分かれるところである。

第十二代景行天皇には三人の親王がいた。ヤマトタケルと、のちに成務天皇になる若帯日子命《わかたらしひこのみこと》、そしてその同母弟、五百木之入日子命《いぼきのいりひこのみこと》である。この三人が娶《めと》った女性のなかで最も高貴な血筋は、ヤマトタケル妃の布多遅能伊理毘売命《ふたぢのいりびめのみこと》だった。垂仁天皇の娘で、ヤマトタケルにとっては叔母にあたる。『常陸風土紀』にはヤマトタケルを倭《やまと》天皇と二十数カ所に亘って明記している。

前述のように、仲哀天皇はヤマト王権にまつろわない熊襲、隼人、土蜘蛛などを退治するために軍を下関に進めて滞陣し、敦賀から合流する神功皇后を待った。つまり神功軍の指揮官・武内宿彌の軍隊を待ったのである。合流がなると、関門海峡を越え、筑紫の香椎に本陣を置いた。

熊襲退治の陣をはった福岡の香椎神宮は広大な敷地、ＪＲ香椎駅からの参道は楠の並木道（「勅使通り」という）。

主祭神は仲哀天皇と神功皇后であり、配祀神《はいししん》が応神天皇と住吉大神である。現在も十年に一度勅使の参拝があり、本来の読み方は香椎宮である。香椎神宮の境内に入ると、本殿までの間に池もあり庭園が設《しつら》えてあって散歩するにも最適である。本殿の裏手の細道を辿ると小さな公園、「仲哀天皇崩御の地」の石碑、その隣に「神功皇后本陣跡」の細長い石柱が立っている。これが仮宮跡、街の喧騒から離れた静寂を極める緑に囲まれた場所ゆえ一種神々しさを感じる。ここで目を閉じて古代の風景を連想してみた。

新羅を征圧し、凱旋後に皇子（後の応神天皇）を出産したのは蚊田《かだ》と呼ばれた土地で、ここには宇美神社が創建され、「産む」が転じて宇美となった。神功皇后が出産に際しての帯などを祀るのが福岡の筥崎宮である。ともに安産祈願の名社として知られる。

『日本書紀』は神功皇后の武勇伝を事細かに書きこみ、新羅、高句麗、百済が降伏するまでの戦闘ぶりから降伏後はおりにふれて朝貢に来たこと、贈り物の具体的な品々にまで触れている。

三韓征伐から六百年後、慈円『愚管抄《ぐかんしょう》』で神功皇后の評価が成立した。平安朝から鎌倉初期を通して、神功皇后が第十五代天皇として皇統譜に載っていたのは厳然たる事実であり常識だった。

江戸時代になると頼山陽の『日本政記』が上梓され、仲哀天皇は熊襲との戦闘で深手を負ったのが死因とし、また新羅攻めを優先した理由は熊襲が新羅と通じていたから、先に新羅を討てばよいとしたからだとする解釈を提示した。だから死因や戦争原因の邪推はやめようと頼山陽は示唆した。後智恵である。頼山陽は通俗的な『日本外史』のほうが有名だが、晩年精魂を傾けたのは『日本政記』のほうである。

◉狩りは吉凶を占う重要な儀式だった

筑紫にまず凱旋し、穴門豊浦で帝の葬儀を終えた神功皇后は皇子の応神を抱え、武内宿彌らを従えて大和への帰路に就いた。途中で待ち伏せていたのが香坂王と忍熊王の軍勢だったところまでみた。

ふたりは仲哀天皇と大中姫命《おおなかつひめ》との皇子で、応神天皇の異母兄にあたる。密議をこらし、明石に城塞を構築した香坂王と忍熊王には犬上君の祖・倉見別《くらみわけ》と吉師《きし》の祖・五十狭茅宿彌《いさちのすくね》（瀬戸内水軍を率いた武将）とが味方した。近江（犬上）と瀬戸内海水軍とが味方したのだ。

かれらは狩りをして吉兆を占った。良い獲物が獲れたら勝利は間違いないとする儀式に近い。ところが突如、赤猪（熊？）が現れ香坂王を食い殺した。

香坂王が赤猪に食われたという意味は、実際に熊に襲われたかどうかというより、為政者としての資格がないという象徴的表現なのである。

「狩猟も支配者にとって楽しみであると同時に、やらなくてはならないことがらのひとつであった。つき従う人たちをつれて狩をし、そこで得た動物を食べるという行為は支配者として欠かすことのできないものであった。つまり、そこで得たものを食べるということで、そのエリアの支配権をも得るということである。もし、獲物を食べそこなった場合は、そのエリアの支配に失敗したということになるのである。また、狩猟の場で従者たちと一緒に食べる、つまり、共食も重要なことであった」（瀧音能之『風土記から見る日本列島の古代史』、平凡社）

失敗を予期した兵隊は怯え側近らは退却を進言し、忍熊軍は住之江（須美乃叡とも書く）に向かった。これを知った神功皇后は迂回して紀国水門をめざすが海が荒れて船が進まず、尼崎あたりに流された。

神功皇后がなぜ紀州へ迂回したのかは、次の説明で納得がいく。

「淡路島と四国を結ぶ鳴門海峡を経由して、和歌山と淡路島を結ぶ紀淡海峡から入ったほうが安全で楽であった。

淡路島の南端、もしくは徳島県の北端から大阪湾に入る場合、東流れの潮に一気に乗って鳴門海峡を抜け、和歌山湾に出て、次の北向きの潮に乗って紀淡海峡から大阪湾に入れば、一日か二日で住吉の浜（現在の関西国際空港付近）に着く」（長野正孝『古代史の謎は「海路」で解ける』、ＰＨＰ研究所）

神々が現れ、廣田神社、生田神社、長田神社を建立して祀れば鎮まると神託があり、神功皇后は三つの神社創建を誓う。荒波は凪《な》ぎ、こうして神功皇后船団は難波あたりに上陸する。忍熊王は宇治へと後退した。これは戦術的誤断である。戦うとすれば、敵の上陸前に陸地から迎撃するほうが有利である。それだけ香坂王の狩猟の失敗は心理的動揺をもたらしたのだろう。紀国あたりで態勢を整え直した神功皇后は、武内宿禰と和邇臣《わに》の祖・武振熊《たけふるくま》に周辺豪族の動員と軍の組織強化を命じた。武振熊は難波あたりの豪族で、武功めざましく後に顕官として神功、応神、仁徳天皇の三代に仕えた。

また神道に則るカリスマ的儀式を再演技して士気を高め、数万の動員がなったと『日本書紀』は神宮摂政元年三月の項で言う。

武内宿禰は精鋭部隊を率いて宇治へ向かい、川の北側に駐屯した。兵に弓を隠せと命令しながら、忍熊軍の先鋭部隊に「われわれは皇子を守るのが目的であり、忍熊王が即位されるのであれば、それに従う」と平和裏の話し合いを求め、精鋭部隊には敵軍の目の前で武器を川に棄てさせた。騙しの演技である。『古事記』では「すでに皇后がみまかったので、われわれは武装を解く」と詭弁《きべん》を弄したことになっている。

忍熊王は善人だったらしい。素直に欺かれて自軍の兵隊に武器を棄てさせ弓の弦を斬らせた。これがチャンスと武内は隠し持った弓を取り出し、刀を握り、一斉に攻撃に転じた。劣勢に陥って忍熊王軍は多数の兵を喪った。結局、忍熊王は瀬田まで逃れたがここで自裁した。『古事記』は琵琶湖に入水したと書いた。

武内宿禰は詠んだ。

淡海の海　瀬田の渡りにかづく鳥
　目にしみえねば　憤《いきどおろ》しも
淡海の海　瀬田の渡りにかづく鳥
　田上すぎて宇治にとらえつ

『古事記』には忍熊王の辞世があって、

いざ我君　振熊が　痛手負はずは
　鳰鳥《にほどり》の　淡海の湖に　潜《かづ》きせなわ
(伊佐比宿彌よ　振熊の矢傷を受けて死ぬより、淡海の湖の鳰鳥になって潜ろう　波の中)

かくて騙し討ち、和平交渉の偽装、突然の武装と襲撃という奇策を用いて、神功皇后軍は勝利する。
翌年、河内に仲哀天皇御陵を造成し、次の年には応神天皇を皇太子とし、磐余《いわれ》に若桜宮を建立して皇居とした（仲哀天皇陵と宮内庁が治定した御陵は、古市の応神天皇陵の西側にある）。

ところで、騙されて自裁した忍熊王を祀る神社が福井県丹生郡越前町にある。劔《つるぎ》神社だ。この劔神社の稗史では創祀《そうし》は素盞嗚大神《すさのおのおおかみ》を祀り〝劔大神〟と称えたことに始まるとされ、「第十四代仲哀天皇の第二皇子忍熊王は、劔大神の御神威を頂き当地方を治めることができたことを感謝し、現在の地に社を建て〝劔大明神〟と仰いだ」と伝えられている。

神社の場所は越前町織田である。織田信長の先祖は劔神社神官だったのである。

また神功皇后の若桜宮はJR桜井駅から　徒歩八分のところに跡地があり、履中天皇の磐余《いわれ》稚桜宮《わかざくらのみや》（いまは若桜神社）と同一の場所とする説が有力、桜井市の名前の由来でもある。

◉海の神々と祈りと

住吉大社に加えて、神功皇后と縁の深い三つの神社を訪ねようと思った。

歴史学者があまり行かない場所を歩くのも、現地では通説とは異なる稗史があるからだ。しかも、稗史は通説を覆すほどの迫力が往々にしてある。

生田神社（神戸市中央区下山手通）は「神戸」の語源になった。地元では「生田さん」と呼んで親しむ。阪神・淡路大震災のとき、鳥居が崩れ落ち、新聞におおきな写真がでたが、すぐに大鳥居は再建された。生田神社の祭神は天照大神の和御魂《にきみたま》、主神は稚日女尊《わかひるめのみこと》である。「稚《いわ》く瑞々《みずみず》しい日の女神」の意味で、天照大神の幼名ではないかとされる。

西暦三世紀頃のことと推定される神功皇后の三韓外征の帰途、神戸沖で船が進まなくなったため、占うと、この稚日女尊が現れ「吾は活田長峡国《いくたながきのくに》におりたい、生田の地に祀らしめよ」とする神託があったと『日本書紀』はいう。

『魏志倭人伝』のいう卑弥呼なる女帝は、神功皇后ではないのかとする翔ぶような類推は、たんに時代の酷似であって『魏志倭人伝』の成立は西暦二八五年とされるから、古代史の記述に従えば神功皇后が大活躍を終える時代に重なる。しかし卑弥呼は北九州あたりの集落連合の女酋長《しゅうちょう》でしかなく、倭の代表を騙《かた》ったにすぎないと本居宣長は分析した。『日本書紀』を叙した執筆陣にシナ人がいたことが分かっており、かれらが卑弥呼を示唆する書き方をしたのだろうと推定出来る。

生田神社は初期に、現在の新神戸駅の奥の布引山《ぬのびきやま》に祀られていた。延暦十八年（七九九）の大洪水で砂山が崩れ、山全体が崩壊する危険性があったので、祠から御神体を持ち帰り、生田の森に移転したという。

三宮駅から北へ十分ほど歩くと参道にぶつかり、いまでは繁華街のド真ん中、生田神社の付近には谷崎潤一郎がかよった洋食レストランがある（グリル「ハイウェイ」）。筆者も当該店に入ってステーキを食べた。

廣田神社（西宮市大社町）は旧官幣大社《かんへいたいしゃ》で、主祭神は天照大神の荒御魂《あらみたま》（撞賢木厳之御魂《つきさかきいつのみたま》天疎向津媛命《あまさかるむかつひめのみこと》）。伊勢神宮内宮の第一別宮荒祭宮祭神と同体である。神功皇后が三韓征伐に出発する際、天照大神の神託があり、和御魂が天皇の身を守り、荒御魂が先鋒として船を導くだろうと神託があったことに由来する。

戦いを終えた帰途、神功皇后は紀淡海峡に迂回して難波の港をめざすが、船が海中でぐるぐる回ってまたもや進めなくなってしまった。そこで兵庫の港に向かい、神意をうかがうと、天照大神の託宣があった。「荒魂を皇居の近くに置くのは良くない。広田に置くのが良い」と。そこで皇后は「荒御魂」を祀る廣田神社を創建した。船は軽やかに動き出し、忍熊王を退治することが出来た。

同社の由来書によれば、

「能『西宮』に謡われる廣田神社秘蔵の霊宝《劒珠《けんじゅ》》は、『日本書紀』仲哀天皇二年の条に神功皇后が豊浦の津にて海中より得られ給うたと記された〈如意珠《こころまのたま》〉が、今に伝えられたものです。

水晶の玉中に劔の顕れたる如意宝珠にして、この宝珠を得られてからの神功皇后は連戦連勝にて、本邦建国の海外大遠征の切にも皇后並びに胎中天皇（応神天皇＝八幡大神）の玉体を奉護し、大勝利を得て無事御凱旋を果たさせたる神通の霊宝として尊崇されました。
古く『万葉集』に「玉映やす武庫の～」と《劔珠》に因んだ枕詞が読み込まれ、後白河天皇編の『梁塵秘抄』の今様には『濱の南宮（廣田神社境外摂社）は如意や宝珠の玉を持ち～』と謡われています」

西宮駅から北へバスで行く。廣田神社とは西宮のこと、それが地名にもなった。甲子園と芦屋の中間である。こうして地図帳をたどり、船団の航跡がわかった。

長田神社（神戸市長田区長田）も同様に神功皇后が三韓征服後、新羅から難波に帰還する途中、武庫《むこ》の水門《みなと》（現在の駒ヶ林あたり）で船が進まなくなり、占うと事代主神《ことしろぬしのかみ》が現れ、「吾を長田に祀れ」との神託を受け、創祀された。この神社では豆まきに「鬼は外」とは言わないことで有名である。

長田神社は事代主神（於天事代於虚事代玉籤入彦厳之事代主神《あめにことしろそらにことしろたまくしいりひこいつのことしろぬしのかみ》）を主祭神とする。本殿瑞垣内に天照大神・応神天皇を祀っている。宝物は剣珠である。

同社由来書に曰く。

「事代主神は、世に広く『恵美主《えびす》さま』『福の神』ともお讃え申し上げ、商工業をはじめ、あらゆる産業の守護神、日々の生活の開運招福・厄除解除の神として崇敬され、神戸市民から『長田さん』と親しまれて、神戸市民の心の拠り所、願いを叶え応える神として篤く敬仰されている。

神話に語り伝えられている如く、遠く神代の昔、平和と円満を心とされて、父神・大國主神の『國譲り』の大業を助けられ、日本國家建国の基礎確立に大きな役割を果された。

更には、國家鎮護の神、皇室守護の神、言霊鎮魂の神として、宮中奉斎八神の一柱と宮中神殿に奉鎮され、皇室の篤い崇敬をうけておられる」

この三つの神社の参詣の途中で、筆者は気になることがあって、ふとJR垂水駅で降りた。歩いて二十分ほど住宅地をぬけた丘陵に「五色塚古墳」があることを思い出したのだ。この古墳のてっぺんに登ると、明石海峡を挟んで淡路島が見渡せる。絶景である。

『日本書紀』の記述を思い出されたい。香坂王と忍熊王の迎撃軍は軍事砦をこのあたりに築城し、淡路から石を運んだとあるではないか。

「乃《すなわ》ち詳《いつわ》りて天皇のために陵《みささぎ》をつくるまねにして、播磨に詣《いた》りて山陵《みささぎ》を明石に興《た》つ。よ

五色塚古墳の頂上からは淡路島が近くに見える

りて船を編みて淡路嶋に絚《わた》して、其の嶋の石を運びて造る。則ち人毎に兵《つはもの》を取らしめて、皇后を待つ」（岩波版第二巻、158p）

　五色塚古墳は巨大な前方後円墳で、墳丘は三段築成スタイル。墳丘長は一九四メートル、段斜面には葺石が葺かれ、埴輪は推計二二〇〇個、葺石はなんと二二三万個（二七八四トン）。なかでも上段・中段の葺石は淡路島産と判明している。まさに明石海峡対岸の淡路島から多量の石が運ばれたことは、『日本書紀』にあり、時代的にはヤマト王権の大王墓（佐紀古墳群）に匹敵する。

　五色塚古墳に登ったのは、肌寒いがよく晴れた日だった。淡路島が明確に視界に飛び込んできた。現場に立つと距離感が掴める。この距離感は古代も現代も変わらない。

◉大宴会を特記した理由があるはずだ

神功皇后摂政五年に新羅から外交使節がやってきた。応神が十三歳になった。氣比神宮へ禊ぎに遣わし、古志との政治同盟が成立しヤマト王権が盤石となった。記紀に書かれた「大宴会」とは、新王朝成立を祝賀する政治セレモニーだったのだ。

皇太子（応神）が戻るや神功皇后は大宴会をもよおして詠うのである。

此の御酒が我が御酒ならず　酒《くし》の司《かみ》、常世《とこよ》に坐《いま》す　石立たす　少御酒の神寿《かむほ》き
寿き狂ほし　豊寿ぎ　寿ぎ廻ほし
　奉り来し御酒ぞ　止さず飲せ　ささ

神功皇后は神のおつくりになった酒であり、飲んで詠って朝まで愉しくと詠った。

武内宿禰も歌った。

此御酒を　醸みけむ人は　その鼓《つづみ》　臼に立てて　歌ひつつ　醸みけれかも　舞ひつつ　醸みけれかも　この御酒の　御酒の　あやに甚楽《うただの》し　ささ

崇神天皇以来の皇統譜がここで代わり、自分たちの天下となったことを言祝《ことほ》ぐ重大な儀式である。天皇陛下主催の「宮中晩餐会」の原型だろう。

これで応神天皇の敦賀における禊ぎの動機と目的がはっきり見えた。王権の確立を臣下たちと酒を酌み交わして、応神王朝の到来を言祝《ことほ》いでいる。地元敦賀の神と名前を換えた？　つまり敦賀は大和朝廷に服属してはいるが、実態としては納税もしていないわけで、この名前の交換は、古志国がシステムとしてヤマト王権と政治同盟を組んだという意味にほかなるまい。

そして後世、この応神の五代孫の継体天皇が古志国から呼ばれて即位した。つまり古志と大和朝廷の正式な政治同盟が確立した（拙著『葬られた古代王朝・高志国と継体天皇』、宝島社新書）。

北畠親房の『神皇正統記』も神功皇后を「第十五代天皇」と明記した。明治時代まで皇統譜がそうであったように、神功皇后が最初の女帝として、応神が成人するまでの「称制」（天皇臨時代行。『日本書紀』は「摂政」とした）だったにもかかわらず、近代の歴史教育では第十五代は応神天皇と改編された。

戦前まで『神皇正統記』は教養人の必読文献だった。その応神天皇に関しての記述は簡素で、次のようである（岩波文庫版、岩佐正校注。以下同じ）。

「応神天皇は仲哀第四の子、御母神功皇后也。胎中の天皇とも、又は誉田《ほむだ》天皇ともなづけられたてまつる。庚寅《かのえとらの》年即位、大和の軽嶋豊明《カルシマトヨアカリ》の宮にまします。此時百済《くだら》より博士《はかせ》をめし、経史《けいし》をつたへられ、太子以下《いげ》これをまなびならひて、此国に経史及《およ》び文字をもちゐることは、これよりはじまれりとぞ」

すなわち文字が最初に伝わったのは応神朝とし、また或る歴史書で日本は「呉の太白」の末裔説があるが、これは偽説と真っ向から否定し、ついで後世に応神天皇が八幡となった由来を述べるのである。

応神は神として筑紫肥後に現れ「われは人皇十六代誉田の八幡丸なり」と名乗った（第十五代ではなく十六代を名乗っていることに留意）。肥後から宇佐へ行って鎮座することになった。それで歴代勅使は宇佐へ詣でる伝統が清和《せいわ》天皇朝まで続いた。のちに称徳《しょうとく》天皇が道鏡を法王とし、共同統治を行ったおりも和気清麻呂《わけのきよまろ》が称徳天皇の命を受けて宇佐神宮へ神託の真偽を確かめに赴く。

ところで応神が敦賀へ禊ぎに行ったこと、地元の神と名前を交換したことは『神皇正統記』に書かれていない。南朝が大和朝廷正統の立場に立脚する皇国史観の源流・北畠親房の解釈ではこれらを重視していない。

禊ぎとは穢れを落とし、身を清めることであり、伊弉諾が最初に身を清めると左の目から天照大神が、右目からツクヨミ姫が、そして鼻からスサノオが生まれた。禊ぎの最中である。現代でも何かの犯罪を犯しても、刑期を終えると「禊ぎは済んだ」という表現があるように。さはさりながら、応神天皇が身を清めるためになぜ敦賀へ行ったのか？　近くの神社でも出来るではないか。

神功皇后の強力な地盤だった近江と越前のあいだに、蜜月のような関係に亀裂が生じたのか、政治同盟を解消する動きがあったのかとも邪推できる。おそらく両方とも正しいだろう。神功皇后の皇統後継は不安定と古志が判断していたからだ。

それで地元の神と名前を交換し政治的安定を得ている。軍事的衝突には至らずお互いに妥協したのだ。もっとわかりやすく比喩すれば、日米安保条約をより強固な同盟関係に改定したのだ。「大和・古志政治同盟」の絆の強化というわけだ。

この時代、国家という近代政治学がいう概念はない。近代国家とは軍と司法と警察を保持し、納税者を糾合するシステムが「国民国家」だが、その概念では「国民」は人種は問われない。ましてや統治者の血脈など問題外であり、万世一系の日本と国家概念が異なるのである。

日本という「国号」は孝徳天皇からとする説が有力だが、聖徳太子が隋皇帝とかわした外交文書に記録がある。聖徳太子といえば十七条憲法で「承詔必謹《しょうしょうひっきん》」を文書化した。これが国のかたちの原型である。

当時の大和朝廷の都人にも豪族にも「国家」としての日本が強く意識されていたとは考えにくく、「天下の概念は公共の空間という相当に穏やかなもので、その空間がどこまでも拡がるわけではないが、近代的なネーションのような国の明確は境界線もない」（ケヴィン・M・ドーク著、工藤美代子訳『大声で歌え「君が代」を』、ＰＨＰ研究所）

江戸中期に本居宣長が「御国（皇国）」と「漢国（中国）」を区別し、「やまとごころ」に対しての「唐ごころ」を説いた。

したがって神功皇后から応神天皇期に、こうした近代国家の概念はない。あくまで力による王権であって、古志とヤマト王権と出雲、そして吉備、筑紫が連立に近い形で併存した。中央政府が機能する国家をめざすのは第二十一代雄略《ゆうりゃく》天皇からである。ようやくにして統一国家の原型を形作ったのが第二十六代継体天皇なのである。

◉易姓革命と万世一系

魯迅は中国史の特質を「革命、革革命　革革革命　革革革革命」と言った。天下を取ると前政権の王族から縁戚まで九類を殲滅《せんめつ》し、新王朝を樹立する。これが「易姓革命《えきせいかくめい》」の本質である。応神が王朝交替であるにせよ、前の天皇の内親王への婿入りというかたちで血脈を重視したのだから、シナの概念では考えられないことである。

シナの歴史を紐解けば、王朝が交代するごとに新しい天子は天命によって決まる。天子の徳がなくなれば別の姓の天子が選ばれる。臣民が天子に代わって権力の座に就くことを正当化する政治思想である。

秦漢魏呉蜀隋唐宋元明清と、天子が交替し、前王朝のすべては粛清された。つまり「易姓」は姓名が変わる、氏族が天下を取ると他の氏族を排斥し弾圧し、反対者が現れないように監視と密告に依存する独裁制を敷く。あの広い国は独裁でなければ統治出来ない宿痾《しゅくあ》がある。

秦始皇帝（紀元前二五九～二一〇）は中央集権による全国制覇を成し遂げ、独裁は永遠に続くかにみえたが、二世が即位するや民衆の反乱が起こり、三世の子嬰《しえい》が即位して一年も経ずして反乱に潰えた。秦始皇帝以前に殷と周という二つの古代王朝があったが名目上であり、各諸侯国は独自の自治をなしていて実効支配とは言えない。

秦王朝は全国を統一して郡と県を置き、中央から守（行政官）、尉（軍事官）、監（監督官）を派遣し、中央政府には左右の丞相《じょうしょう》を置いて、天下を統治した。皇帝は「天子」だった。天命を受けた聖人であるという設定の下、独裁体制は正当化された。天下に不満は燻っており、始皇帝の死から十カ月後に「陳勝・呉広の乱」が起きた。そして項羽と劉邦《りゅうほう》が台頭する。

始皇帝の詔を握りつぶし、長男の即位を阻止した宦官《かんがん》の趙高《ちょうこう》は始皇帝の遺書を偽造し、長男とその側近だった不敗将軍を死に追いやる。そして自分の都合のよい操り皇帝を画策し、さらに邪魔になると二世皇帝も趙高によって殺された。三世がこんどは趙高を殺し、咸陽《かんよう》に迫った反乱軍の前に降伏した。あっけなく秦は瓦解した。大きな要素としては宦官政治の弊害に陥ったからである。

継いで王朝を簒奪《さんだつ》したのは、王莽《おうもう》（紀元前四五〜二三）という儒教崇拝ごりごりの理想主義に興じた人物だった。王莽は前漢の皇后の外戚でしかなく、しかし学問好きで儒教の教えの通りに日常を送っていたというが、権力を握るや悪魔的な謀略を講じて「儒教の道徳観とは正反対のことを平気でやる希代の悪党」（石平『中華王朝滅びの法則　そして習近平は！』、ワック）となった。王莽は儒教の理想を体現する政治家を演ずる偽善皇帝ゆえにふたりの息子を自殺に追い込むという政治劇も演じざるを得なかった。まさに「聖人君子の自家中毒だ」。

王莽が簒奪した新王朝（王朝名も「新」）は赤眉軍、緑林軍の蜂起によって呆気なく崩壊し、王莽は反乱軍に殺された。

日本では蘇我馬子の崇峻《すしゅん》天皇暗殺、目弱《まよわ》王の安康《あんこう》天皇暗殺があるが、王朝の簒奪は起こらなかった。

暴君として悪名高い隋の煬帝《ようだい》は初代の文帝が穏健な治政を展開している間、おとなしく賢く振る舞った。兄たちを越えて自分が後裔に就くために偽善を貫いた。ところが即位するや、贅沢の限りを尽くし、高句麗征討のため三回も軍をさしむけて惨敗した。貴重な労働力となる若者を数十万も喪うのだが、一方で大運河を開墾するという壮大な土木プロジェクトにも熱心で、貴重な財産を乱費し民衆の支持を一挙に失った。

聖徳太子が「日出処の天子、書を日没する処の天子に」と最初の遣隋使を送ったときの皇帝は煬帝だった。悪政がつづき、とうとう軍が反乱を起こして、煬帝は部下によって殺されるという末期的な情勢を聖徳太子は知っていたのか、どうか。やや居丈高な国書を遣隋使に持たせたのである。

こうして中国の王朝は暴君、暗愚の皇帝、儒教狂い、暗君、蕩君、無徳無能の君となって王朝は暴力で転覆され、もし高徳の天子が出ても一代限りだった。

◉日本は天壌無窮の国

日本は天壌無窮《てんじょうむきゅう》の国である。天照大神の天壌無窮の神勅は、

「豊葦原の瑞穂のくには是れ我が子孫の王《きみ》たるべき地なり。宜しく爾皇孫《いましすめらみ》就きて治《し》らせ。行くませ。宝祚《あまつひつぎ》のさかえまさむこと当に天壌《あまつち》と窮《きわま》りなかるべし」

これこそは憲法に匹敵する神の誓いであり、キリスト教、ユダヤ教などの神と人間の「契約」という思想はない。日本の信仰は神と人との契約で成り立ってはいないのである。

日本でも天命思想がまつりごとの中軸に置かれかけた時代があった。

古墳時代は六世紀でほぼブームが終わり、以後、インドで発祥しシナを経由してきた仏教が古代神道と折り合いをつけて寺院建築が主流となった。

こうした流れのなかで、「季節外れ」の古墳がキトラと高松塚である。

高松塚古墳は七世紀末から八世紀初頭に築造された。持統天皇は仏教に傾斜して、神道が基軸だった皇室儀式の一部を仏教風に改めた。殯《もがり》から火葬にした天皇で、しかも天武天皇と持

統天皇の御陵は合同陵墓、飛鳥の小高い丘に鎮座し、環濠跡が残る。やや簡素な造りである。近くの石舞台は蘇我馬子の陵墓と推定されるが、やはり環濠がある。

高松塚古墳の内部で発見された極彩色の壁画は衝撃だった。「飛鳥美人」と比喩され、三種の記念切手まで出た。一九四九年に焼失した法隆寺金堂の壁画に匹敵する古代芸術が出現したのだ。古代のルネッサンスとも言えるのではないのか。

泉武&長谷川透『古墳と壁画の考古学（キトラ・高松塚古墳）』（法蔵館）は天武天皇の正統性を示すためにこの壁画が描かれたとし、持統天皇の政治的思惑があったとみる。

この解釈は通俗的で、松本清張が唱えた「壬申の乱」は大海人皇子（天武天皇）の皇位簒奪だったという歴史解釈だ。つまり正統性を得るべきトラウマに襲われていたからだということになる。大友王子が無思慮に新羅征討軍の準備に入り、唐の影響を受けた渡来人が近江朝の側近となっていたため地方豪族が不満をたぎらせていた。筆者は、この古代史最大の内戦は、近江朝に巣くった親唐派排撃の戦いだったとみているので、松本清張らの、天武天皇と壬申の乱の評価が異なる。

さはさりながら、泉武（高松塚古墳壁画館元学芸員）に拠れば、「毎日のように模写を見ていると、絵の配置が厳密に決められ、壁画全体が一つの意味を持っている」として、キトラ古墳とともに絵の配置が重要で「石室の天井に描かれた天文図に着目。両古墳とも、北極星に相当する『天極星』が天井の中心に配され、青龍や白虎などの四神が天文図の下に規則的に描かれている」と分析した。

「壁画には、天帝から使命を帯びた天皇が地上を統治する『天命思想』が忠実に反映されている」として、天文図は「天帝が所在する天」、四神は「天からの使者」を表すと指摘。高松塚古墳の人物壁画は「天武天皇が天帝から命を受ける即位に関わる儀礼を描いた」とし、従来の被葬者（天武天皇の皇子）忍壁《おさかべ》皇子ではなく高市《たけち》皇子だと推定する。高市皇子は壬申の乱の立役者、その子はのちの宰相格・長屋王《ながやおう》である。

壁画を描かせたのは持統天皇の意向で、天武天皇崩御の後、持統はその正統性を改めて示す必要があったと解釈する。共著者の長谷川透は発掘成果や現場での体験から、当時の築造技術に迫っている。古代の大工の智恵、墳丘盛土を突き固めた「版築《はんちく》」と呼ばれる工法や、驚くほど精密だった測量方法などは渡来人が技術を導入したとする。

測量法など渡来人がやってくる以前から、縄文人は建築思想を持っていた。世界遺産となった三内丸山縄文遺跡の高い櫓や集合住宅をみよ。あの令和六年一月元日に起きた能登地震で、激震被害から破壊を免れた真脇縄文遺跡の竪穴式住居（近年は「竪穴建物」ともいう）をみよ。これらの高度な建築技法は縄文人の発明と改良である。帰化人だけが技術を持っていたなどとする過大評価はそろそろ止めにしてもらいたいものだ。

応神天皇の御代にもう一つ大きな出来事は儒教が伝わってきたものの、日本人の体質に合わず、江戸時代まで儒教が日本には根付かなかったことである。

この点を重視した大川周明が書いている。

「(熊襲など)西南地方またもや乱れたので、その禍根の朝鮮にあるを知れる皇室は、ついに軍を朝鮮半島に出《い》だし、南鮮一帯を征服した。この朝鮮征討軍を率いたのが、取りも直さず神功皇后である。皇后は親征より還《かえ》りて後、皇太子(応神天皇)幼少なりしため、長きにわたりて国政を執られた。

爾来朝鮮と吾国との交通頻繁となり、また朝鮮を経てシナの文化が伝えられ、国民生活のあらゆる方面に、大なる影響を及ぼすこととなった。のみならず国家が屢々征戦を起せば、おのずから文武の功臣が出来る。それらの功臣は、従来一君の下に平等なりし国家の間にありて、特別の地位と勢力を占めることとなり、ただに階級的差別を生じたのみならず、功臣の間に激烈なる政権与奪の争いを生じ、往々にして累を皇室に及ぼすに至った。異邦文明との接触は、如何なる場合に於いても、その国に多かれ少なかれ変動を与えずば止まぬ」(『日本二千六百年史・増補版』、毎日ワンズ)

この時代に儒教が輸入された。だが大川は続けてこう言うのだ。

「（儒教は）最も重大なる点に於て、日本固有の思想と相容れざるものがある。それは主権者に関する観念、並びに主権の基礎に関する観念についてである。儒教は、天は有罪を討ち、有徳に命じて主権者たらしめると教える。即ち徳ある者が君主となるとするのである。この主義は、一見甚だ合理的なるに拘らず、実際に於ては幾多の不都合を伴う。何となれば厳密に徳の有無優劣を定むる標準は、決してこの世に存在せざるが故である」（大川周明前掲書）

漢字に経典、新種の武器や新宗教など、馬にまざってどっと日本に這入り込んだ。その突破口となったのが応神天皇期（神功皇后摂政時代を含める）だったのである。

論語をはじめ漢字の書籍から天文学、暦、建築技師、陶磁器などの技術情報もどっと入ってきた。

第二章　応神天皇とその時代

◉応神天皇が敦賀で禊ぎを受け、地元の神と名前を交換した背景に何があるのか

古代史最大のミステリーの一つ。応神天皇は母が神功《じんぐう》皇后、仲哀《ちゅうあい》天皇の第四皇子であって異母兄に香坂《かごさか》王と忍熊《おしくま》王がいた経過は前章までに述べた。

応神天皇は「胎中《たいちゅう》天皇」と言われ、大和王朝の留守番役だった香坂王と忍熊王が、誰の子供だか分からない応神の皇統後継に反対だった。というよりヤマト王権の伝統から考えれば、仲哀天皇のもう一人の皇后が産んだのだから、異母兄にあたり皇位継承の「正統性」は彼らにこそあった。

産み月を遅らせて皇子を産んだという作為的な話は古くから信じられておらず、応神の父親は武内宿彌《たけうちのすくね》だろうと囁かれてきた。武内宿彌（『古事記』は建内宿彌と書く）は第八代孝元天皇の曽孫とされ、景行・成務・仲哀・応神・仁徳の五代に仕えた。紀氏・巨勢《こせ》氏・平群《へぐり》氏・葛城氏・蘇我氏など中央有力豪族の祖とされる。二八〇歳で死んだというのだが、聖書（『創生記』十章）にあるノアの九五〇歳に比べると遠慮した記述である。おそらく複数が襲名したのだろう。

神功皇后の船団が瀬戸内海を東上してくると、応神を皇統後継と認めない皇子たちが武装し

て待ち構えていた。

謀略合戦が展開され、結果的に武内宿彌の作戦勝ちで皇位継承権を奪った。『日本書紀』の大和王朝正統史観では、異母兄らの〝反乱〟に対応した正義の戦いであって、応神側が勝利したと強引に解釈されている。正史とはそういうモノで不都合な真実はぼかすか、或いは記述しない。

香坂王は熊に食われたことになり、もう一人は神功皇后の騙し討ちで死んだという設定が編まれた。現代でも山岳の農村で熊に襲われる事件が頻発しているから、漫然と読み飛ばす箇所である。

いくつかの疑問符が浮かび、歴史学界で論争されてきた論点もあれば、無視されてきたポイントもある。

第一は神功皇后の実在である。

第二に忍熊王は本当に熊に食われたのではなく特殊部隊の暗殺だろう、と推定される。相手の士気をいきなり削ぐ最も効果的な方法である。なにしろ武内宿彌は稀な謀略家、策士、そして軍師である。

第三は応神天皇は仲哀天皇の皇子か、それとも武内宿禰の子か。もし仲哀の皇子なら血脈は維持されているのだから、入婿の形をとる必要がなかったのではないか。

角鹿の神像（敦賀駅前）

第四はなぜ敦賀へ禊ぎに行かせたのか。前述のように応神天皇の敦賀における禊ぎの動機と目的は、ヤマト王権と古志との政治同盟の再確認だったのである。

こんにち、東京からの北陸新幹線は令和六年三月から敦賀へ直行できる。大阪、京都からは湖西線経由の特急サンダーバードが敦賀止まりとなった（それまでは金沢止まりだった）。敦賀で旅客は新幹線に乗り降りする。この敦賀駅前の銅像は都怒我阿羅斯等《つぬがあらひと》である。

『日本書紀』に「任那国の王子・都怒我阿羅斯等の額に角があり『角額の人』と呼ばれたのが、都怒我《つぬが》が角鹿《つぬが》に変化した」と書かれている。ということは古代も現在も北陸への玄関が敦賀だったことになる。「任那の王子」なら、帰化人でも渡来人でもなく倭人である。

さて敦賀駅から徒歩で二十五分ほど、氣比《けひ》神宮は地元では「けいの明神」とも言われ、主祭神は伊奢沙別《いざさわけ》命である。イザサワケは応神天皇の幼名、御食津大神《みけつおおかみ》とも称し食物を司る。五穀

氣比神宮の入口

豊穣、海上安全、大漁祈願が祈念され、農業漁業海運業者の崇拝が著しい。氣比神宮の祭神はほかに仲哀天皇、神功皇后、応神天皇、日本武尊、玉姫命、武内宿彌である。

遠き昔、筒飯《けひ》大神が降臨して磐余《いわくら》信仰のスタイルが始まりで、土公《どこう》が聖地といわれるのは「この土砂を撒けば悪しき神の祟りなし」と信じられたからであり、境内の〝聖域〟には後世、最澄、空海も参詣し、儀式を行った言い伝えが残る。氣比神宮の境内は落ち着きがある。

仲哀天皇が御幸したおりに現在の神社形式となった。渤海使が頻々《ひんぴん》に日本海沿岸に漂着する時代には、敦賀の松原に迎賓館（松原客館）が建築された。後世、信長の朝倉攻めでは、氣比神宮は武装し朝倉側に立って迎撃戦を勇敢に戦ったが、信長軍に焼かれ、そのうえ社領没収、廃絶の憂き目にあった。再建は徳川時代の慶長十九年（一六一四）、福井藩祖となる結城秀康が社殿を造営した。

『おくの細道』で氣比神宮に参詣した芭蕉《ばしょう》が詠んだ句が境内に、旅姿の芭蕉のブロンズ像の台に刻まれている。

名月や　北国日和　さだめなき

（北陸の天気は変わりやすいので夜に参拝）

月清し　遊行の持てる　砂の上

（雨後、往来に難儀して砂の上を歩いた）

ともあれ応神天皇は八幡様として、日本の武神として祀られる。八幡神社は全国に四八〇九社もある！　神功皇后陵も応神天皇陵も、手前にかならず豪壮な八幡宮がある事実は重大なメッセージを含むのである。

敦賀はともかくとして、応神天皇が治めたのはヤマト王権だから崩御された地に陵が建立さ

八幡宮総社（古市）

れる。

応神天皇陵に出かけた。近鉄南大阪線の古市で降りて十五分ほど歩く。やはり猛暑日で方向感覚を失い、うっかり方向を間違えて南側へ歩いた。白鳥神社（ヤマトタケルが白鳥となってこの地に降りた）の裏側の道で気がつけば良かったのだが、標識には安閑天皇陵が近いとあったのでそのまま進んで道を失った。さいわい近所の人が向こうから歩いて来た。道を尋ねると「まるで反対側、駅の北側ですよ」。

駅へ戻って疲れ果て、結局、タクシーを雇った。最初に八幡宮へ。なるほど全国八幡宮の総社だけあって境内は広く威厳に満ちている。

日本全国に十六万近い神社仏閣があるが、神社の区別をすると、伊勢神宮系より、八幡系が多い。八幡神社がトップで伊勢神宮系を凌ぐのである。三番が北野、天神系神社。四番目に多いのが稲荷神社。応神天皇が八幡神が顕現したと言い出したのが宇佐神宮である。弓の名人が顕現したとする言い伝えからで、福岡の筥崎宮《はこざきぐう》、鎌倉の鶴岡八幡と並ぶ御社《おやしろ》と位置づけられる。

単純に考えても、天照大神を祀る伊勢神宮系より八幡神を祀る神社が多いという意味は、かなり重要なことではないのか。いや史観をひっくり返すほどの事実ではないのか。

◉応神の功績のひとつは吉備統治である

さて古市の八幡宮参拝を済ませ、いざ応神天皇御陵へ行くが住宅地を迂回するので意外に時間がかかる。タクシーを雇って正解だった。

別名、誉田山《ごんだやま》古墳は羽曳野《はびきの》市誉田にあって前方後円墳。大仙陵《だいせんりょう》古墳（大阪府堺市）に次ぐ全国第二位の規模で大仙陵古墳を含む百舌鳥《もず》古墳群と誉田御廟山《ごんだごびょうやま》古墳を含む古市古墳群は一括して世界遺産に指定された。墳丘長が四二五メートル、後円部直径が二五〇メートル、高さは三五メートル、前方部の幅が三〇〇メートル、高さ三六メートル。古市古墳群では最大規模である。

つまり、陵だけを観ても斯《か》くの如く壮大だから、応神天皇の政治的力量が計り知れる。応神の皇子は仁徳、そして履中天皇、反正天皇、允恭《いんぎょう》天皇の御陵がこのあたりに集中し、どれも規模が大きい。それゆえに複数の歴史学者は応神天皇期を「河内《かわち》王朝」と呼称する。

応神朝から継体朝にかけて巨大墳墓が連続して築造されたという歴史的事実は、経済的にも豊かであり、労力を動員できる組織があり、また豪族たちがまとまっていたからこそ安全保障的にも平和が続いていた証左にもなる。

応神期は海運に従事する海部、林業を司る山部など職能の細分化が行われ、各地に堰、貯水池、用水路、防水堤などを造成した。また海外からの往来が頻繁となって新羅、百済の帰化人が甚だしく、鉄の鋳鉄、弓や甲の生産、池の造成、馬の飼育、鍛冶、工芸技術から醸造による酒の生産も大いなる工夫があって文明が飛躍した。

応神は即位してから淡路、吉備に御幸して、地方の掌握を強固なものにしている。とくに吉備への御幸には注目したい。

『日本書紀』の次の箇所、多くは読み飛ばしてきた条項である。

「(応神は淡路で狩りをたのしんだあと)吉備に幸《いでま》して、小豆嶋に遊びたまふ。(中略)天皇、是に、御友別《みともわけ》が謹惶《かしこま》り侍奉《つかへまつ》る状を看《みそなは》して、悦びたまふ情《みこころ》有します。因りて吉備国を割きて、其の子等に封《ことよ》さす。則ち川嶋連《かはしまのあがた》を分ちて、長子稲速別《このかみいなはやわけ》に封《ことよ》さす。是、下道臣《しもつみちのおみ》の始祖《はじめのおや》なり。次に上道県《かみつみちのあがた》を以て、中子仲彦《なかつこなかつひこ》に封《ことよ》さす。是、上道臣・香屋臣《かやのおみ》の始祖なり。次に三野《みのの》県《あがた》を以て、弟彦《おとひこ》に封さす。是、三野臣の始祖なり」（岩波文庫版第二巻、212p）

つまり、吉備の分割とそれぞれ功臣たちを任命したということは、吉備がヤマト王権の統治下に入ったのである。その後も吉備は第二十一代雄略天皇崩御直後に反乱を企てるが、この星川王子の反乱は鎮圧された。後世、称徳天皇のときに吉備の下道《しもつみち》からは吉備真備《きびのまきび》が右大臣にまで出世し、藤原仲麻呂の乱を鎮圧した。吉備の造山《つくりやま》古墳は規模で全国四位の規模を誇る。強大な経済力を誇った豪族がいたのである。

傍証として、次に『播磨国風土記』を読む。逸文が残る『播磨国風土記』には景行天皇、仲哀天皇、神功皇后、応神天皇、そして仁徳天皇に関して、記紀に書かれていない、夥《おびただ》しい別の記録が並んでいる。応神天皇が播磨を行幸し、各地で狩りをしながら、地名を選定したという箇所を拾ってみる（吉備御幸は、さきに触れた『日本書紀』に国分けとして書かれている）。吉備は雄略天皇期までヤマト王権に叛旗《はんき》を翻すこと屡々《しばしば》だった。応神天皇期までヤマト王権への忠誠心がなかった。なにしろ吉備には造山古墳が代表するように、仁徳天皇陵にせまる規模の巨大古墳が造営され、吉備を治めた下道《しもつみち》氏のパワーが偲べる。

応神は餝磨《しかま》郡にやって来たおり菅生《すがふ》、麻跡《まさき》を見て「山が目を割き下げているに似る」として目割《まさき》と名付けた。

賀野《かや》は仮宮に蚊帳を張ったので加屋と、幣岡《みてぐらのおか》は土地の神に奉弊《ほうべい》したから。韓室《からむろ》は三韓からの帰化人の集落があった。巨智《こち》の郷に来て岡の上に立って地形を観察したので大立《おおたち》の丘と名付けたとある。

安相《あさぐ》は、応神が但馬から巡行されたおりに、国造が天皇の御翳《おんさしば》をさしかけるのを怠って処分されたため。高瀬は高い所から流れ落ちる水を見た応神が名付け、佐々の村は猿が笹の葉を咥《くわ》えている光景を見て。金箭川《かなやがわ》はここで狩りをした応神が狩猟の金箭を落としたので。邑智《おおち》の駅は、狭い土地と聞いてきたが存外に広いと言われたので大内に。槻折《つきおれ》山は、狩りで槻弓《つくゆみ》で猪を射ると箭《や》が折れたので。大法山《たいほうさん》は応神がここで重要な法を宣言されたので、そう名付けた。

酒井野《さかいの》は酒殿をこの地に建てた。桑原は槻折山から見下ろすと倉が整然と並んでいたので倉見と名付け、転じて桑原となったとか。

生野は荒魂が往来の人々を多数殺したため「死野」とされていたのを、応神が「それは悪名ゾ」と言われ生野に改称した。多駄《ただ》の郷とは佐伯部の始祖がこの土地の領有を希望したので

「はっきりと要求するものよ」と駄々が多いから。陰山は応神の御陰《みかげ》（髪飾り）がこの地に落ちたため。

『播磨国風土記』は西暦七一三年から七一七年の間に成立したとされ、『古事記』（七一二年）、『日本書紀』（七二〇年）との間である。

応神天皇の活躍から三百年以上の時間が経過しているので、各地の伝承を聞き歩いてまとめたのだろう。

◉仁徳天皇――ピラミッドより大きい御陵は威信と権力を誇示する対外宣伝塔

『古事記』の応神天皇記は長い。それより長い叙述が仁徳天皇で、異例の長さのうえ、礼賛的な書き方で工夫がなされている。

まずは、応神天皇の皇后ならびに妃たちと皇子たちの紹介がある。

「品陀和気《ほむだわけ》命、軽嶋の明宮に坐して、天の下治《し》らしめしき。此の天皇、品陀真若王《まわかのみこ》の女、三柱の女王にあひたまふ」等として大山守命《おおやまもり》、大雀命《おおさざき》、そして宇遅能和紀郎子《うじのわきいらつこ》ら後継候補三人を含めて合計男十一人、女十五人を産んだ。

結果的に大雀命が仁徳天皇として即位するのだが、応神天皇の考えでは末っ子の宇遅能和紀郎子を後継天皇と考えており、また周囲もそう思っていた。

表１　応神天皇の皇后、妃、夫人たち（＊皇子を産んだ妃）

高木之入日売《たかきのいりひめ》＊＝大山守（長男の母）
中日売命《なかつひめのみこと》（高木の妹＊）＝大雀《おおさざき》命（のちの仁徳天皇）の母
弟日売命《おとひめのみこと》（尾張系）
宮主矢河枝比売《みやぬしやかわえひめ》（妾）＊＝宇遅能和紀郎子《うじのわきいらつこ》の母
ほかに八人の側室。合計26名の御子（男11、女15）

応神天皇は三人の皇子に対してこう言った。

「大山守命は、山海の政《まつりごと》を為《せ》よ。大雀命は、食国《をすくに》の政を執りて、白《まを》し賜へ。宇遅能和紀郎子《うじのわきいらつこ》は、天津日継《あまつひつぎ》知らせ」

応神天皇は御幸途中の木幡《こはた》あたりで美女を見初め「名は何と言うか」と問うた。女に名前を聞くのは後宮にあがれという意味で、女の名は矢河枝比売《やかわえひめ》。女の父は丸迩之比布礼能意富美《わにのひふれのおほみ》（宇治から湖西大津にかけての豪族）。

喜び沸き立って翌日、大宴会を催す。

宴席で応神天皇は次を詠んだ、と『古事記』にある。

この蟹や　何処の蟹
百伝《ももづた》ふ　角鹿《つぬが》の蟹
横さらふ　何処に到る
伊知遅島、美島に着き

鳰鳥《みほどり》の　潜《かづ》き息づき
しなだゆふ　佐佐那美道《ささなみぢ》を
すくすくと　我が行きませばや
木幡の道に　遇はしし嬢子《をとめ》
後方《うしろで》は　小楯《おだて》ろかも
歯並みは　椎菱《しひひし》なす
櫟井《いちひゐ》の　和迩坂《わにさ》の土《に》を
初土は　膚赤《はだあか》らけみ
底土《しはに》は　丹黒《にぐろ》き故《ゆゑ》
三つ栗の　その中つ土を
頭突く　真火には当てず
眉画き　濃《こ》に画き垂れ
遇はしし女
かもがと　我が見し児ら
かくもがと　我が見し児に
うたたけだに　向かひ居るかも

い副《そ》ひ居るかも

ここで宴会に〝敦賀の蟹〟がでたというのは当時、大変豪勢な食事であり、敦賀から琵琶湖を縦断し、宇治の木幡まで水運ルートがあった。まさに応神の地盤である。そしてこの矢河枝比売との間に生まれたのが宇遅能和紀郎子だった。いわばこの皇子は傍流である。

酒に関して言えば、古代からの歴史の中で語られ、まずはスサノオの八岐大蛇《ヤマタノオロチ》退治は八つの強い酒壺を用意させて化け物を酔わせる。ヤマトタケルの熊襲襲撃は女装して宴会に忍び込み、酒がらみの物語であり、日本最初の連句とされるヤマトタケルの歌合は甲斐の「酒折宮《さかおりみや》」である。応神天皇の即位にあたる儀式（大宴会）では神功皇后が酒の特別の意義を歌われ、また応神天皇が吉野御幸のおり、敦賀の蟹の話も酒蔵を造らせた話に基づく。イチノヘオシハの遺児ふたり（のちの顕宗《けんぞう》、仁賢《にんけん》天皇）が名乗りでたのも播磨の宴席だったように、酒はまつりごとの必需品として描かれた。

応神崩御のあと、後継に不満を抱いたのが長男の大山守命で密かに兵を集め、宇遅能和紀郎子の殺害を狙った。大雀命から通告を受けた宇遅能和紀郎子は、迎え撃つ兵を備え先手勝負に出て大山命を葬った。しかし、宇遅能和紀郎子は大雀命が正統嫡流と考え、皇統後継を譲ろうとし、大雀命は何回も遠慮した。天皇空位が暫時つづくのだが、途中で宇遅能和紀郎子が早世してしまい、大雀命の出番となる。仁徳天皇の誕生である。

この物語のポイントは、皇族ではない母から生まれた宇遅能和紀郎子は自ら欠格と認識していたこと、大山守のクーデター未遂もむしろ大雀命が画策したように考えられる。想像を逞しくすれば大がかりな謀略があったのではないか。仁徳天皇が高潔で慈愛に富み、民の幸せを願った理想の天皇として描くには、このような前段における美談が必要だった。舞台裏の皇位継承の争いが、美談にすり替えられているのである。

転じて情報戦を考えてみよう。

現代の日本はスパイ天国、スパイ防止法がないので敵側スパイは跳梁跋扈《ちょうりょうばっこ》、やりたい放題。この無法とも言える情報筒抜け状態を憂慮する米英は、たとえ日本が同盟国といえども、機密情報の共有はない。スパイ防止法が成立しないのは「敵の代理人」が日本にうようよ蠢《うごめ》いているからである。そこで保守論壇では、近代戦での明石元二郎の諜報活動や陸軍中野学校のエリート、大川塾などの壮士、満州事変以後の大陸浪人の活躍などを大書特筆するわけだが、ちょっと待った。日本の歴史がはじまって以来、こうした方面でも本能的行動、つまり状況の把握と敵情報の通信などに工夫があったのである。

日本史開闢《かいびゃく》以来、「最初のスパイ」はオオクニヌシノミコトが因幡の白ウサギを救った神話に求められる。白ウサギは求婚にいく兄弟たちの行状を前もって知るための、視察を任務とした八上比売《やかみひめ》側のスパイだった。

神武天皇が肇国《ちょうこく》した朝廷が皇統後継をえらぶに際して、日向からやってきた神武天皇の日向における先妻アヒラヒメの子、当藝志美々《たぎしみみ》命が反乱を企図した。その危機を和歌に託して知らせたのは神武天皇の皇后だった伊須気余理比売《いすけよりひめ》だった。

狭韋河《さゐがは》よ　雲起ちわたり　畝傍山《うねびやま》　木の葉さやぎぬ　風吹かむとす

畝傍山　昼は雲とゐ　夕されば　風吹かむとそ　木の葉さやげる

母の和歌の意味を悟った兄弟のなかで、次兄の神沼河耳《かむぬなかわみみのみこと》命が先制攻撃で当藝志美々を成敗し、以後、建沼河耳《たけぬなかわみみのみこと》命と名乗った。第二代綏靖天皇である。情報によって危機を救った逸話こそ、スパイ戦争の本質を物語っている。

応神天皇の皇子たちも同様な情報戦を展開したに違いない。

◉大仙御陵は本当に仁徳陵なのか

第十六代仁徳天皇を仁政、慈愛にみちた善政を行ったと褒めあげ、高徳の天皇と絶賛したのは、仁徳天皇以後の応神朝という大和朝廷を正当化するために編まれた『日本書紀』の作為である。

第十五代応神天皇の二代前の成務天皇は業績も実在も不明だが、理由は後継皇統を担う仁徳天皇を「だからこそ待ち望まれて仁政をなした」立派な天皇と位置づけるためだ。文章が巧妙に仕立てられている。

仁徳天皇陵（大仙御陵）は江戸時代から「仁徳さん」の愛称で呼ばれ、三重堀の一部は埋め立てられて農地転用されたこともあった。明治時代まで御陵は出入り自由だった。そのためかなりの副葬品が盗掘され、その一部は驚くべきことに米国マサチューセッツ州ボストン美術館にある。

大仙御陵は三重堀だが、環濠は貯水池を兼ねて、付近の農地へ用水路が設えられていたことは、堺市の町を歩けば用水路が残っていて確認出来る。そもそも堺市は日本でも珍しい環濠都市である。

十数年前に当時堺市に住んでいた石平と御陵を一周したことがある。ところどころが住宅に囲まれていて、全貌をみるには堺市役所ビル二十一階の展望台からである。

大仙陵内部の発掘調査と、石棺の開梱などが行われない限り仁徳天皇陵とは断定できない。しかし被葬者が誰であれ、エジプトのピラミットより大きく秦始皇帝御陵に匹敵し、海からも見える一大パビリオンが、当時の大和朝廷には国際的な威信をえるためにも必要だったのである。また国内のまつろわぬ豪族を従えるためにも、その権力の凄さを誇示する必要があった。外国使節は大仙御陵を海から眺望できた。凄い権力が大和にあるというデモンストレーションでもある。また灯台の機能を兼ねたと考えられる。

古墳時代は三世紀から六世紀。前方後円墳は全国に約四千七百基ある。なかでも大規模墳はおよそ五百基。小さな円墳、方墳を含めると全国におよそ十五万カ所。地方豪族が競って古墳を造成し、富と権力を誇り、葬送儀式を行って副葬品ともども埋葬した。

これまでは最古の古墳は大和桜井の箸墓《はしはか》古墳と見積もられてきたが、令和六年に考古学者らがホケノ山古墳の出土品と地質調査などのデータから、とくに桜井市教育委員会と橿原《かしはら》考古学研究所はホケノ山古墳が箸墓より古いとする調査報告を発表した。ホケノ山古墳は宮内庁がどの天皇陵とも治定していないため、見学できる。もちろん筆者も登った。ホケノ山古墳は全長が八〇メートル、後円部はおよそ六〇メートルで、墳丘に葺石が敷かれ段築がある。

古墳の規模と集中度から比較すれば、この時代まで北九州と吉備と出雲、常陸、そして古志、尾張にヤマト王権に匹敵するほどの豪族が存在し、古墳を競った（古墳の北限は北海道、南限は沖縄にもある）。古墳時代が終わるのは仏教が渡来し、寺院が（それも豪華絢爛な大伽藍）が建築されて古墳に代替したからだ。木造家屋がブルドーザで壊され鉄筋コンクリートの高層ビルになったような、一種革命的な風景の変化だった。

古墳は忽然として造成されなくなった。全国に神社仏閣は十六万近くあり古墳の数と偶然に一致する。日本列島のすべてのコンビニの数より多い。

日本が世界文明の一つであることを、肝腎の日本人が認識していない。自虐史観の横溢《おういつ》がすっかり日本人から自尊心を奪ったのだ。

世界最古の磨製石器は日本で発見された。戦後の歴史学を画期した、旧石器時代があったことは、岩宿遺跡の発見で証明された。世界最初の土器はやはり日本から。縄文土偶は古代のルネッサンス、そして世界最初の恋愛小説も日本で誕生した。

したがって世界四大文明がインダス、メソポタミア、ナイル、黄河と世界史教科書でならったこれまでの常識に、アステカ、インカ、長江文明と日本文明を加えると「世界八大文明」になる。縄文時代が野蛮で文明はなく、弥生時代に朝鮮半島経由でもたらされた文明の利器が活用され等という自虐的歴史観はそろそろ清算されなければならない。

日本最古の石器は出雲の砂原《すなばら》遺跡（二〇〇九年発見）から出土した。フィッション・トラック方式を使い、同志社大学等の測定で十二万～十一万年前に遡るものとされた。とくに出土した石器には玉髄《ぎょくずい》石（瑪瑙《めのう》）の三角形の尖石が混ざっていた。世界的に最古と認定された磨製石器、主に火打ち石として用いられた磨製石器は野尻湖底遺跡から出土した。四万八千年前のものである。ナウマンゾウやオオツノシカの骨等が出土した立《たて》が鼻《はな》遺跡や、「杉久保型ナイフ形石器」となった杉久保遺跡など、十数の遺跡群からなるのが野尻遺跡群だ。

旧石器時代の打製斧型石器は遠野市の金取《かねどり》遺跡（二〇〇四年発見）からで、八万～九万年前のものだった。東北はあちこちで縄文遺跡が発見され、考古学に地質学の研究成果が加わっているため文献中心の歴史学では分からなかったミステリアスな空間をどっと開いた。

岩宿遺跡は戦後考古学世界を画期した。黒曜石から創られた尖石器で三万五千年前。それまでの常識では、火山灰が滞積した関東ローム層に古い文明はあり得ないとされてきた。

青森の大平山元《おおだいやまもと》遺跡からは世界最古の土器（一万六五〇〇年前）が出土し世界の考古学界を驚かせた。「なにかの間違いではないか」と何回も測定しなおしたのだ。地元の中学生が偶然発見し、本格調査が行われて国指定の史跡となった。ここでは煮炊きに使った土器が見つかり、それは縄文時代の幕開けの時代がもっと古くに遡ることを意味し、また土器の使用は定住の始まりを意味する。

これほどの文明が日本に存在したわけだから、建築技術は高度に発展していたはずであり、古墳の築造はそれほど難しい工事ではなかった。

「仏教や儒教が受け入れられて思想が国際化すると、各地固有の古墳にまつわる信仰や儀礼は古び、存在意識も薄れました。人々も開明的となり、古墳などよりも、都市やインフラの整備に努力を回すべきだと考えた」(松本武彦編『考古学から学ぶ古墳入門』、講談社)

この説はいわゆる近代の思想に基づくもので、尊皇攘夷から文明開化へと舵を切った明治初期の人々と同様の意識となるが、はたしてそうか。そもそも古墳とピラミッドはどう違うのか。豪族や王の権威を象徴するモニュメントには違いないが、古代の宗教と深く結びついているはずである。

最近の古墳調査が軌道に乗ると(予算が付いたからだが)、まったく新しい古代史の実態が連続して明らかになった。たとえば蛇行剣が出土した。長さが二メートルを超え、鋳造品だった。古墳時代に鋳造技術があり、高度の文明が進歩していたことを意味する。

瀧音能之・監修『巨大古墳の古代史』(宝島社新書)は、古墳研究に欠かせない出土品の新情報と考古学的な分析を網羅した古代史探求の「最前線からの報告書」である。

令和五年一月、奈良県の富雄丸山古墳《とみおまるやま》から、過去に類例のない盾型の銅鏡と二メートル三七センチの蛇行剣が出土した。これぞスサノオが退治した八岐大蛇の尻尾からでてきた草薙剣《くさなぎ》かと連想してしまいそうだ。しかしこの長刀は佐々木小次郎だって、その背丈を超えるから実戦用ではなく、装飾、武権のシンボルとして用いたのだろう。しかも鋳造品だったから他でも大量に造られた可能性がある。

これまでに出土した蛇行剣は最長が八五センチだった。この長剣は国内最大級だから古代史観を塗り替える。そう、二三七センチといえば最長の石棒（天然物）は千曲川の支流、北沢川河畔からでたが、二三五センチだ。石棒は男根の象徴で、それは人間の生命力を表した。

◉「空白の四世紀」の実像が判明しつつある

富雄丸山古墳は「円墳」では日本最大規模。四世紀後半の築造と推定される。明治期に盗掘にあっており、昭和四十七年から団地造成に当たって本格的な発掘調査が実施された。前方後円墳ではないので被葬者が王族ではないかも知れない。円形の直径一〇九メートル。墳丘は三段築成となっており、墳丘外表では葺石・埴輪片が出土した。埋葬施設は粘土槨《かく》で、内部に割竹形木棺（推定六・九メートル弱）が据えられていた。同円墳から出土した盾型の銅鏡は長さ六四センチ、幅三一センチでやはり国内出土では最大である。

ヤマト王権の成立は、科学的類推から言えば紀元前一世紀頃のことで、卑弥呼の魏への使いは三世紀前半である。

「空白の世紀」と言われる四世紀の日本では巨大古墳が方々に造成された。文字がないために「文明空白期」などと言われるが、どっこい古代日本文明は世界と比較しても先進的だった。ほとんどが誰の墳墓だったか分からない。出土品の年代測定や装飾品の類似比較、関連する装飾品などの材質、その特産地などで、たとえば高松塚とキトラ古墳は壁画の彩色が注目された。しかし高松塚もキトラも年代的には七世紀後半から八世紀の造成であり、古墳時代は六世紀で下火になっているから規模は小さい。これらの遺跡は天武・持統合同陵の近くにあるため、被葬者は天武天皇の高市皇子、忍壁《おさかべ》皇子が想定されている。副葬品に武器が殆どなく、壁画が美術品となる。権勢を誇った馬子の石舞台周辺の小規模な古墳群は蘇我氏か、その関係者ではないかとされ、発見が続いている。

小山田古墳は蘇我蝦夷、菖蒲池《しょうぶいけ》古墳は蘇我入鹿の墳墓の可能性もあるという学説がある。和邇《わに》氏と東大寺山古墳、物部氏と杣之内《そまのうち》古墳群、中臣氏と旭山古墳群と深い関連があることも明らかになってきた。富雄丸山古墳の出土品には特殊器台（吉備が本場だった）、弧帯文石《こたいもん》も

応神天皇陵入口

でた。城の山遺跡からは金銅製帯金具、応神天皇陵からは金銅製鞍がでてきた。仁徳天皇陵からはガラス器も。応神期には朝鮮半島との交易が活発となって馬がもたらされたので、馬具も急速に普及した。

そもそもこの時代のヤマト王権は地域王権でしかないことは繰り返し述べてきた。畿内だけに地域王権があったのではなく、出雲、古志、吉備、筑紫などには独自の文化を持った地方王権があった。四世紀まで中央集権システムはない。ただしヤマト王権は尾張から北関東に影響力を持っていた。

金冠に類する金銅製冠は群馬県の金冠塚《きんかんづか》古墳から出土した。船の埴輪は宮崎県の西都原《さいとばる》遺跡からもでた。武装男子の埴輪は太田市の遺跡で発掘された。

ことほど左様に、出土品の新発見によって謎の世紀の輪郭から具体的な文明と文化の表情が把握できるようになった。

弥生時代の遺跡の代表格は吉野ヶ里で、二重の堀をめぐらした環濠《かんごう》集落であり、倉庫、儀式場、シャーマンの住処などが復元された。時代測定が進み、石棺が発見され、吉野ヶ里が邪馬台国ではないことも立証された。

その吉野ヶ里を敷地面積で超えるのが、鳥取県大山北麓の妻木晩田《むきばんだ》遺跡だ。一世紀末から三世紀末まで栄えた妻木晩田遺跡に十年ほど前、大山ドライブの帰りに立ち寄ったことがある。標高九〇から一五〇メートルの丘陵地、島根半島を見下ろせる。米子の北は境港、その西は七類《しちるい》港、そして松江から宍道《しんじ》湖が遠望できる。出雲王権の領域で交通の要衝にあった。

縄文海進と海の埋め立てに関して考えると、日本海側ばかりか太平洋側にも潟《せき》がある。茨城と千葉県境の印旛沼《いんばぬま》は大きな潟湖《せきこ》である。秋田県には八郎潟がある。

文明の発祥地ともされる潟湖は広大な湿地帯であり、身丈よりも高い葦に蔽われ湖水魚が生息し、移動は渡し舟だった。清水克行の「室町ワンダーランド」(『週刊文春』令和五年九月七日号)に拠れば戦国時代に新潟平野から庄内近くへ旅した「京都のお坊さんが記したお小遣い帳が残されている」(当時の新潟で渡し舟の代金は一四文、新発田市と村上市では一〇文だったそうな)。

加賀には柴山潟、能登に邑知潟《おうち》、河北潟があり新潟の「潟」は、その昔、ここが巨大な潟であったことを意味する。江戸時代に新潟平野が干拓され、現在の新潟港は殷賑《いんしん》を極めるが、市内の白山神社あたりが、古代の船着場だった。

地政学的に言えば、山のほうが豪族たちの覇権を競った場であり、典型は新潟県の新津と古津という地名だろう。説明するまでもないが、古津が古代の港、新津は潟を埋め立て、そのうえに阿賀川の土砂が押し被さり、広大な平野となった。日本有数の米どころ新潟（蒲原《かんばら》）平野が形成された。

古津は古墳の宝庫である。前方後円墳ではなく円墳である。なかにはテラスをそなえた瀟《しょう》洒《しゃ》な古墳もある。古津古墳群の代表格が古津八幡山古墳だ。直径六〇メートルの円墳で、新潟県の古墳としては最大規模。この地を治めた豪族の墳墓で、五世紀の建造とされる。

こうして古墳ブームが日本列島を振るわせ、謎解きが盛んになってきた。

家来の陵墓も大型のものがある。富田林市教育委員会は同市喜志町の喜志南遺跡から五世紀前半の「喜志南カイト古墳」（仮称）が発見されたと発表した（二〇二四年六月）。

一辺約三〇メートルの方墳で、円筒埴輪などの出土物から判断して大王墓に付属する小型の陪塚《ばいちょう》ではないかと見られる。古市古墳群の造営に相当な貢献をした有力者の墓と想定された。とくに幅約六メートルの広い周濠《しゅうごう》、葺石を丁寧に施した外堤を持ち、人間の背丈ほどの円筒埴輪や馬形埴輪が出土した。

中世以後は寺院、神社が豪壮な建物となるが、並行して武士が天下を取ったのだから巨大な城が各地に構築され、武将、大名等のパワーを誇示した。

初期の前方後円墳は纒向《まきむく》古墳群である。崇神天皇、景行天皇の陵と治定されている古墳群から、山辺の道を大神《おおみわ》神社のほうへ南下すると箸墓古墳にぶつかる。いまもこの箸墓古墳が卑弥呼の墓だと主張する学者がいるが、宮内庁は第七代孝霊天皇皇女の倭迹迹日百襲姫命《やまとととひももひめのみこと》と治定している。箸墓の命名は百襲姫の陰部に箸が突き刺さり、絶命したことが由来とされる。古墳の内部は立ち入り禁止だが、「箸中《はしなか》大池」は「池百選」に入っている。

◉仁徳天皇はホントに偉大だったのか

応神の皇子、仁徳天皇にもどる。

第十六代仁徳天皇の仁政なる記述は具体性に乏しく、むしろ好色ぶりが併記されているあたり、過大評価の向きなきにしもあらず。大仙御陵は仁徳天皇陵だと宮内庁はその治定を譲る気はないが、筆者の推定するところでは応神天皇ではないだろうか。もちろん応神陵はさっきみたように古市にあって立派な御陵である。

推理の根拠はこうである。

応神は仲哀天皇の皇子ではない。けれども万世一系の伝統を継承するために入婿のかたちで皇統後継をはたした。皇統譜で言えば、「応神朝」というべきで、過去の皇統とは異なる偉大さを誇示する必要があった。そこで巨大モニュメント建築を建立して王朝史を画期した。

大仙古墳は堺市に属するが、住吉大社が目と鼻の先である。地図感覚でいえば二つは阪南にあり、住吉大社から南へ六キロあたりに大山古墳が位置する。古代、このあたりは海岸線、現在も標高は一〇メートルから一三メートル。神功皇后とは地縁、霊縁が深い。

大仙古墳のような古墳の造成には三年以上、おそらく副葬品の製作や石棺の設定、運搬なども勘案すれば十年は必要だろう。大仙古墳は六世紀半ば、年代と同時代といえば允恭天皇がおられるから允恭陵と唱える学者もいることは承知している。

最初の計画は応神陵だったが、造成が終わるころ、応神は崩御されており、仁徳天皇期に移行していた。そこで応神王朝の象徴として、大仙御陵を完成させることに切り替えた。落成時が允恭天皇の時代だったということである。

したがって、祀られているのは仁徳天皇であっても不思議はない。古墳は棺にミイラを入れるから仏教のような分骨はありえず、応神天皇とは別にしたか、もっと推測を逞しくすれば、

河内大塚古墳（雄略天皇陵か？）

羽曳野《はびきの》にある雄略天皇陵はあきらかに宮内庁の治定間違いだ。業績からみれば仁徳天皇陵とされる大仙古墳は雄略天皇の可能性も全否定はできない。大和朝廷の原型をがむしゃらに切り開いた英雄にふさわしい雄略天皇を立派な陵に祀ったはずである。

筆者が想定する雄略天皇陵は、大阪府松原市西大塚、羽曳野市南恵我之荘《えがのしょう》にある河内大塚山古墳である。

その規模は長さ三三五メートル、前方部幅が二三〇メートル、後円部の高さが二〇メートルもあって大仙陵古墳（仁徳天皇陵）、誉田御廟《ごんだごびょう》山《やま》古墳（応神天皇陵）、上石津ミサンザイ古墳（履中天皇陵）、備中造山古墳（吉備の豪族下道《しもつ》氏《うじ》陵）に次ぐ全国第五位。墳丘の周囲には幅広くて深い濠がめぐらされている。

河内松原駅と恵我ノ庄駅の中間にあって周りはぎっしりと住宅地。巨大古墳なのに拝所も鳥居もない、看板もない、要するにこれほど巨大な墳墓であるにもかかわらず、宮内庁はどの天皇陵かを治定しないのである。ぐるりと半周してみたが看板も案内板もないという、かえって不気味な御陵なのだ。

現在、雄略天皇御陵とされるものはあまりに規模が小さく、宮内庁の治定が間違いであることは殆どの歴史学者が認めている。

『日本書紀』は清寧《せいねい》天皇元年条に「丹比高鷲陵《たじひのたかわしのみささぎ》」としており、全長が二三八メートルと桁外れに大きい。宮内庁はこの古墳を仲哀天皇陵と治定しており、世界遺産「百舌鳥《もず》・古市《ふるいち》古墳群」の構成遺産の一つである。

仁徳天皇の後、履中、反正、允恭天皇の三代が続き、第二十代の安康天皇が暗殺されたために暴れん坊のワカタケル（雄略天皇）の登場になる。雄略天皇は兄二人、叔父並びに目弱王《まよわのきみ》等を殺害して強引に皇位を継いだ。

しかし雄略天皇の皇子、清寧天皇には子がおらず天皇が空白となったため、イチノヘオシハの妹、飯豊《いいとよ》が称制として即位した。葛城山の麓、角刺宮《つのさしのみや》で執務し、兄イチノヘオシハの遺児ふたりが何処かにいるはずと探し求めた。飯豊天皇は明治時代に皇統譜から削除されたが、現在もちゃんと宮内庁管理の飯豊天皇陵が存在している。

イチノヘオシハのふたりの遺児は播磨に二十年間、馬喰《ばくろう》に身を堕《お》として隠れ住んでいたという物語が綴られた。

隠れ家は志染《しじみ》の洞窟、新鮮なわき水で有名な場所で、実際に草を掻き分け掻き分けしながら現場へ行ってみて、あ、この話はフェイクだと直観した（拙著『間違いだらけの古代史』、育鵬社）。

『播磨国風土記』における「志深《しじみ》の里」のくだりはこうだ。

「志深《しじみ》の里。土は中《なか》の々《なか》。志深と号けし所以は、伊射報倭気《いざほわけ》命、此の井に御食《みをし》したまひし時、信深貝（シジミ貝）、御飯《みいひ》の筥《はこ》の縁《へ》に遊び上りき。その時、勅して云ひたまひしく、『此の貝は、阿波の国和那散《くにわなさ》に、我が食《を》せる貝なるかも』といひたまひき。故《かれ》、志深の里と号《なづ》けき。於奚《おけ》、袁奚《おけ》の天皇等《すめらみことたち》、此の土《くに》に坐《いま》しし所以《ゆゑ》は、汝《な》が父、市辺天皇命《いちのへのすめらみこと》（註、即位していたことになっている）、近江の国の催綿野《くたわたの》に殺さえし時、日下部連意美《くさかべのむらじおみ》を率《ゐ》て逃れ来て、惟《こ》の村の石室《いはむろ》に隠れりたまひき。然《しか》る後《のち》、意美《おみ》、自ら重き罪を知りて、乗れる馬等、其の筋を切り断《た》ちて逐《お》ひ放《はな》ちき。亦《また》、持てる物、桉等《くらども》は、尽《ことごと》に焼き癈《す》つ」

かくして伊等尾《いとみ》という豪族の馬養《うまかい》となって隠れ住み、新しい国司の山部連《やまべのむらじ》小楯《おたて》を迎えた宴に及び、弟が踊りながら詠んだ。

この箇所『古事記』（中村啓信訳註、角川ソフィア文庫版）では次の通り。

「物部《もののへ》の　我が夫子《せこ》が　取り佩《は》ける　大刀《たち》の手上《たがみ》に　丹画《にか》き着け　其《そ》の緒は　赤幡《あかはた》を載《かざ》り　赤幡を立てて見れば　い隠る　山の三尾の　竹をかき苅《か》り　末押し縻《ち》らすなす　八絃《やつお》の琴を調ぶる如く　天の下治《したし》らし賜《たま》へる　伊耶本和気天皇《いざほわけのすめらみこと》の御子《みこ》、市辺《いちのへ》之《の》押歯王《おしはのみこ》の奴《やっこ》　末」

これを聴いた小楯が宴席で椅子から転がり落ちて、皇子ふたりを上座に、すっとんで飯豊天皇（市辺の妹、称制天皇）の元へ早馬で使いを送り告げた。

かくしてふたりの遺児、ヲケとオケはヤマトへ帰還し、反対した豪族を討ち果たし、弟がさきに顕宗《けんぞう》天皇となって即位した。

ついで兄のオケが仁賢《にんけん》天皇となって、応神系の王朝の血筋は絶えずに続いた。雄略天皇に皇子すくなく武烈天皇の崩御をもって応神、仁徳から雄略までの最盛期が終わり、顕宗、仁賢天皇から武烈《ぶれつ》をもって応神朝と言われた王権は終焉した。

第二十六代の継体天皇は応神の五世孫を名乗り、先々代仁賢天皇の内親王を娶ったにせよ、以後は継体天皇王権と言えるだろう。

その後の移り変わりをみれば、蘇我氏を滅ぼした中大兄皇子の天智天皇は二代で一度絶え、実弟の天武天皇王権は以後、ふたりの女性天皇の称制を踏まえて聖武、孝謙天皇、淡路廃帝、称徳天皇（孝謙の重祚）と、およそ百年続き、光仁天皇を以て天智系の復活をみるのである。

第三章　継体天皇のミステリー

【この章のミステリー】

一、継体《けいたい》天皇が近江出身説は何が根拠なのか？

一、武烈《ぶれつ》天皇亡き後、皇位は空白となった。応神の五世孫が越前にありという記紀の書き方は作為であろう。古志の大王をヤマト王権が迎えて連立政権を樹立させたのだ。

一、越前の古墳から判断できるのは継体天皇は「古志の大王」であり、ヤマト王権の狙いはその財力にもあった。

一、敦賀から若狭、鯖街道は後世の発展である。戦後の古代史学界は琵琶湖の地政学を軽視している。

一、物部《もののべの》麁《あら》鹿《か》火《い》と大伴金村の奮闘により継体天皇は即位を承諾した。見落とした視点は「馬飼いネットワーク」だ。これは情報網であり当時のトヨタ販売店網のように全国のルートを握っていた。

一、大和へ二十年も入れなかったのは蘇我氏が猛反対だったからか？ 樟葉《くずは》、筒城《つつき》、弟国《おとくに》の行宮は地政学的要衝だった。大和へ入る必要など最初からなかった。というより樟葉、筒城、弟国は即位前から古志の交易拠点だった。継体天皇の地盤だったのだ。

一、日本海が当時の先進地域。継体天皇は富と貿易と蓄財で最大のパワーを誇っていた。

雄略天皇以降の系図

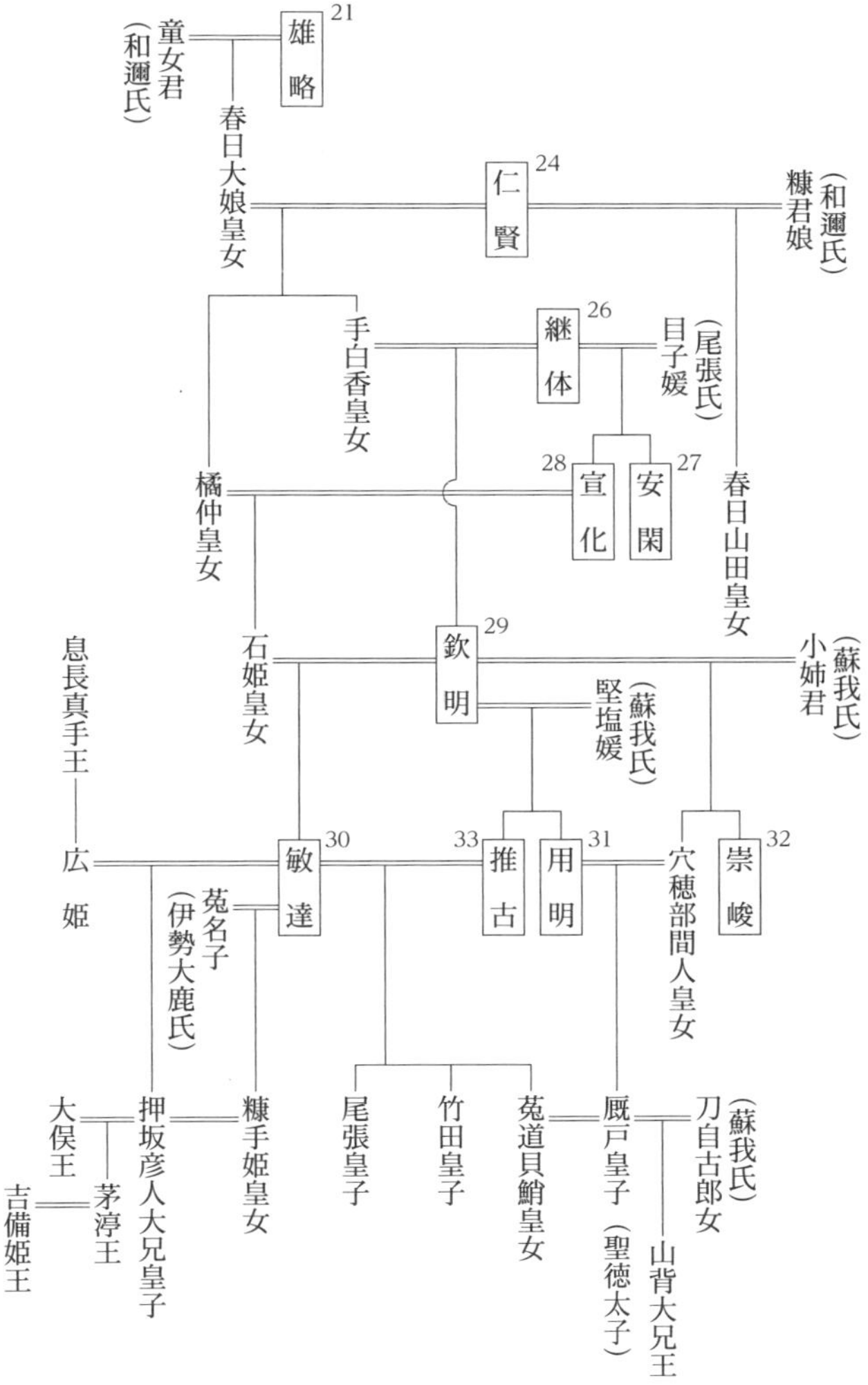
21 雄略
童女君（和珥氏）
春日大娘皇女
24 仁賢
糠君娘（和珥氏）
手白香皇女
26 継体
目子媛（尾張氏）
橘仲皇女
28 宣化
27 安閑
春日山田皇女
石姫皇女
29 欽明
小姉君（蘇我氏）
堅塩媛（蘇我氏）
息長真手王
広姫
30 敏達
菟名子（伊勢大鹿氏）
33 推古
31 用明
穴穂部間人皇女
32 崇峻
大俣王
押坂彦人大兄皇子
糠手姫皇女
尾張皇子
竹田皇子
菟道貝鮹皇女
厩戸皇子（聖徳太子）
刀自古郎女（蘇我氏）
茅渟王
吉備姫王
山背大兄王

◉応神天皇朝は仁徳天皇から本格化した

応神天皇が崩御されるとオオサザキこと、仁徳天皇が即位し、次に仁徳の皇子たちが皇統を継いだ。履中天皇、反正天皇、允恭天皇の三代、その允恭の皇子が安康天皇、その同母弟が雄略天皇であり、雄略天皇の後継は清寧天皇である。

清寧に皇子なく、飯豊女帝が称制のあと、イチハノオシハ（履中天皇の皇子）の遺児ふたり、顕宗、仁賢天皇が交互に即位され、仁賢天皇の皇子が武烈天皇である。ところが第二十五代武烈天皇にも子がなく、ここで応神朝の皇統が絶えた。

しばし皇位が空白のあと、越前に応神の五世孫を捜し当て、継体天皇として迎えることになるのだが、これをもって王朝交替説を唱える学者らは万世一系が断絶したとする。

これは、ＧＨＱの命令による皇国史観の否定から発想された、明らかな左翼学者のＧＨＱ迎合解釈である。継体天皇は仁賢の娘（垂仁天皇の子孫）を皇后としたのだから万世一系は絶えていない。国体の変革は起こらなかった。

『神皇正統記』は継体天皇をこう書いた。

「継体天皇は応神五世の御孫也。応神第八御子隼総別《はやぶさわけ》の皇子、其子大迹《おほと》の王、其子私翡《しひ》の王、其子彦主人の王、其子男大迹の王と申《もうす》は此天皇にまします。御母振姫、垂仁七世の御孫なり。越前国にましける。武烈かくれ給て皇胤たえにしかば、群臣うれへなげきて国々にめぐり、ちかき皇胤を求め奉けるに、此天皇王者の大度《たいど》まして、潜龍のいきほび、世に聞え給けるにや。群臣相議て迎たてまつる」（岩佐正校注、岩波文庫版）

（継体天皇は応神の五代孫にあたる。応仁天皇は第八子で、オホドが幼名。その母は垂仁天皇の七代孫にあたる。オホドは越前におられたが、武烈天皇崩御のあと、大臣等があちこちを探し当て、オホドの王者の如き風格と態度、その勢いから次期皇統を継ぐにふさわしい資格をもつと判断し、お迎えした）

継体天皇は即位を三回断った（北畠親房は二年の空白の後に仁賢天皇の女《むすめ》、手白香《たしらか》内親王を皇后とした経過を特記した）。

こうした経緯は『日本書紀』に拠っている。まず継体天皇の父親（彦主人王《ひこうしのおう》）が近江の豪族三尾氏と並ぶ勢力を誇っていたことは間違いなく、越前の三国から正妻を娶ったという意味は近江と古志の政略結婚の文脈から考察すれば納得がいく。近江と越前はお互いが交易の要衝であって、相互に絆を強める必要があった。血族として団結することは必須の条件である。

継体天皇は幼名オホドと呼ばれ、琵琶湖西岸の三尾《みお》で生まれた。父親は彦主人王。母は古志の三国から迎えた振姫《ふりひめ》だった。父が早世したため振姫の故郷へもどり、オホドはそこで育てられた。生誕地と想定される場所は高島と安曇《あど》川から三尾にかけてで、父親の足跡を示唆する遺跡があちこちに散らばっている。

「男大迹《おほど》天皇、更《また》の名は彦太尊《ひこふとのみこと》は、誉田《ほむだ》天皇の五世の孫、彦主人王《ひこうしのおおきみ》の子なり。母を振媛《ふるひめ》と曰《もう》す。振媛は、活目天皇《いくめのすめらみこと》の七世の孫なり。天皇の父、振媛が顔容姝妙《きらぎら》しくして、甚だ媺色《うるはしき》有りといふことを聞きて、近江国の高嶋郡の三尾の別業より、使を遣はして、三国の坂中井に聘《むか》へて、納《めしい》れて妃としたまふ。遂に天皇を産む。天皇幼年くして、父の王薨《う》せましぬ。振媛乃《すなは》ち歎きて曰はく『妾、今遠く桑梓《もとつくに》を離れたり。安《いづく》ぞ能く膝養《ひだしまつ》ること得む。余、高向《たかむこ》に帰寧《おやとぶら》ひがてらに、天皇を奉養《ひだしたてまつ》らむ』といふ」（岩波文庫版『日本書紀』第三巻、162p）

このなかの「きらぎらした」は美しいという意味で、よほどの美女だったらしい。また「高向」は、福井県坂井市に跡地らしい神社が残っている。

父の彦主人王墓と比定《ひじょう》されているのが田中王古墳だ。雑木に埋もれているが、なかなかの規模の前方後円墳である。

また鴨稲荷山《かもいなりやま》古墳は平地にある円墳で長さが五〇メートルと推定され、かなりの実力を持った豪族でなければ、これほどの古墳を造成できないだろう。くわえて豪華な石棺が出土した。これらをもってしても地元の豪族だった三尾氏のパワーが推量できる。三尾氏は彦主人王の後ろ盾だった。

ホタテ貝式御陵とも言われ、金の王冠が出土している。三尾神社跡地には振姫が出産したとき縋《すが》った石と伝わるものが残り、安産石と呼ばれる。また安閑天皇を祀る神社は民家の庭の小さな祠でしかない（陵は古市にある）が、境内に飾られた石は神代文字が彫られていた。話が飛躍するが、近年の生成ＡＩの発展で世界的に神代文字の解析が行われており、ひょっとしたらこの安閑天皇の祠にある謎の文字も解けるかも知れない。

継体天皇の古志における足跡は、琵琶湖西岸より越前（福井県）に蝟集《いしゅう》している。現在の福井県には継体天皇を祀る神社が多い。その代表格は足羽《あすわ》神社と三国神社だ。三国神社は現代の交通事情からいえば疎外された田舎にある。行ってみて驚いたのは周囲みわたす限り水田で三国神社の標高がわずか三メートルちょっと。おそらく縄文海進の時代、一帯は海だっただろう。

三国神社は継体天皇が主神

潟の特徴は湿原から湿地帯、干潟となって、川の氾濫によって土石が流れ込み平野が形成された。もとより潟は塩分が薄いから時間をかけて土地改良、堤防と用水路という農業重視、生産に力点をおく治政が行われると豊饒な農業地帯となる。土地が豊饒になれば農作物は収穫高をあげ、経済的に豊かになる。福井には恐竜博物館があるように太古から開けた文明圏である。オホドは「古志の大王」と呼ばれた時代、とくに水路の確保、灌漑に力点を置いた。

福井市から「えちぜん鉄道」というローカルな電車は、市電のようによく停まる。駅名がまたロマンティックで「太郎丸エンゼルランド」とか、「西春江ハートピア」「西長田ゆりの里」などの無人駅がある。

福井から五十分ほどで着いた三国神社駅も無

九州から運ばれた石棺用石材（今城塚古墳）

人。切符は車内で女性車掌から現金で買う。電子カードは使えない。駅には自転車置き場があるから朝夕は通勤通学で賑わうのだろう。およそ一キロ強の田舎道をトボトボ歩くと県道や農道の脇に自動車修理工場、ドラッグストア、スーパーマーケット、民家は道路に沿って建っているが、基本的に人口過疎地だ。

三国神社境内はやや広く階段を何段かあがると古色蒼然たる本殿があり常駐の宮司はいない。本殿の左脇を少し上ると応神天皇の摂社。参道の麓に住吉神社。小規模な拝殿があるだけ。しかし形式としては住吉神社が、継体天皇を祀る三国神社の前衛ということになる。

福井市へもどって足羽神社へ詣でた。なだらかな山の頂きにある。敷地内には継体天皇にまつわる石碑が建つ。入口の倉庫の看板は「継体天皇御即位千五百年記念」と記してあった。

閑話休題。古墳の造成には付近の古い古墳を破壊した石材を転用したりしたものも幾つかある。たとえば石舞台の巨石は付近の古古墳から運んできた形跡がある。平城京の地中には二つほどの古墳が埋まっている。藤原京の跡地にも誰のものとも分からない古墳が埋まっている。

天武・持統天皇の合同御陵は方墳と考えられていたが、三段構えの八方墳墓で当時は堀があったことも最近の調査で判明した。大規模に盗掘された形跡があり、持統天皇は火葬されて骨壺に入っていたが、盗賊たちは遺骨を付近にばらまいたと藤原定家の『明月記』が書いている。

盗掘の痕跡が明瞭に残る古墳は成務天皇陵だ。鏡の破片などが大量に残り、また茶臼山《ちゃうすやま》古墳では百三枚の鏡が出土した。副葬品はごっそりと盗まれたらしい。古墳は二世紀から造成されはじめ、神武天皇の即位が紀元前一世紀あたりと推測されるから、おそらく当時、神武天皇の古墳は造成されなかった。豪族が覇を競い始め本格化したのは三世紀からである。

メスリ山古墳からは二メートル四〇センチの長身円筒埴輪が出土、にわかに注目されるのも、いったい円筒埴輪は何のために使われたのか、その目的である。古墳を荘厳に見せるため大量に並べたことまでは分かっているけれど、祈祷にも用いられた。儀式のために、古墳の規模によって適合するサイズに創られ、近くに埴輪製造工場があった。円筒埴輪はあちこちの古墳から大量に出土しており、典型が継体天皇陵（今城塚古墳＝高槻《たかつき》市）である。さまざまな埴輪が

継体天皇陵に並ぶ埴輪（高槻市の今城塚公園）

墳丘にずらりと並んでいて圧巻である。高槻市には埴輪製作工房跡が公園となって残る（今池ハニワ工場公園）。ここが最大級のハニワ生産工場だった。近くの今城塚古墳に並んだ夥しい、しかもバラエティに富んでユーモラスな埴輪群をみると、継体天皇のパワーがどれほど大きかったのかを偲べる。

藤原鎌足の墳墓は談山《たんざん》神社の奥山にあって、金糸で織り込まれた大きな冠がでた。大織冠《たいしょかん》で、天智天皇から藤原姓を賜ったおりの衣冠をあらわす貴重な文化財だ。

かようにして古墳は三世紀から六世紀が最盛期だから、この小冊の主人公のふたり、応神天皇から継体天皇の時代がピークだった。同時にヤマト王権のパワーを誇示した建造物である。

継体天皇の父親も、近江豪族としては古墳に納められたほどのパワーを保持していたのである。

◉近江の地政学的重要性

継体天皇が生まれ、育ったという土地の探索に出かけた。湖西線のJR高島駅からJR安曇川《あどがわ》駅にかけて、あちこちを足が棒になるほど歩き回った。現在、京都への通勤圏はこの高島あたりが北限で安曇川周辺はベッドタウン化している。地勢から言えば琵琶湖の水運と湖西の街道は当時の交易路であり、繁栄の象徴、金冠や金装飾の馬具などが出土して、この地域の豪族たちが若狭、越前との交易で繁栄し、物流では独自のルートを持っていたことが分かる。

高島からは琵琶湖対岸の長浜、彦根、安土へも舟が物資を運んだ。高島は戦略拠点であり物流センターでもあった。かの老舗百貨店の高島屋創業者は、この高島の出身である。高島には大溝城《おおみぞ》が戦国時代に築かれ丹羽《にわ》長秀が守った。その遺構は湿地帯にある「乙女ヶ池」に石垣が残っている。この乙女ヶ池あたりが孝謙天皇に叛旗を翻し、失敗した藤原仲麻呂が斬となった場所である。

オホドがのちに継体天皇となって、御陵とされる今城塚古墳からは夥しい埴輪が出土したことはみた。円筒埴輪の図柄は二本柱の船である。船のデザインの埴輪こそ、継体天皇が通商を重視したことを象徴する。

三国から敦賀、若狭を経由した交易品には朝鮮半島原産の鉄塊、鉄板などが含まれていた。近江には鋳造設備が整っており、ここで鉄の鋳造が行われていた。多くの高麗人が住みつき、黒土遺跡（草津市）では最大級の鉄製品鋳造の遺構が見つかっている。榊差《さかきざし》遺跡からの鋳造関連遺構跡が出土した。一帯は鋳造の一大センターだった。戦国時代に信長が鉄砲を大量生産した国友村は、琵琶湖湖畔の長浜である。古くから鍛冶産業が集中していたのだ。この文脈から後年、聖武天皇が紫香楽《しがらき》に遷都し、大仏の鋳造を行わせた。紫香楽宮跡は草津から柘植《つげ》線で南下する場所、地理的な近さから鋳造技術コネクションがあったと推定出来る。

こうした交易ルートと帰化人たちの集落などを勘案すると、継体天皇の先祖たちが古志と深く関わっていたことが分かる。

史家が近江にこだわる意味は地政学の見地からだが、もう一つの視点が必要である。それは日本の商業の発祥の地が近江であり、資本主義の先駆者は「近江商人」だったことである。商業が日本で根付くのは、交易の中継地として要衝の強みを活かせたゆえんである。日本のコマーシャリズムは近江に原点を見いだせる。

高島屋ばかりか西武鉄道、プリンスホテルチェーンの提家も近江出身である。商人というのは物作りのための定点に拠らず、各地の産品を他の需要のある地域へ届ける物流によるサヤ稼ぎ、その意味で総合商社の役割を演じた。情報網が発達していたから利にさとい商人も次の行動が取りやすかった。

つまり古志、とりわけ三国湊、敦賀湊から近江への交易路は淀川水系から畿内へ、長浜からは伊吹山南麓から美濃、尾張へ繋がった。

日本の商業の中心地であって富の集積地だった。古志の大王はヤマト王権より〝財閥〟だったのである。

◉古墳からみた継体王権

重要な稗史が描かれているのは『福井県史』である。

この浩瀚《こうかん》な書物に「横山古墳群と三尾氏」というチャプターがあって重要なことが書かれている。すこし長いが次に引用する。

「継体王権成立（五〇七年）後に北陸道域のなかで異例の活況をみせる横山古墳群は、継体天皇の妃を出した三尾氏の墳墓の地で、その地域は男大迹王（のちの継体天皇）が越前に滞在中の拠点の一つと推定されるにいたったのである。

横山古墳群の眼下に御簾尾《みすのお》の大字名があるが、これはもとは『みお（三尾）』と呼称されていたが、いつの時代か『みつのお』に変化し、さらに『みすのお』に変化したとする考えからくるものである。そして、三尾の地名は、竹田川を下流から上ってくると御簾尾付近で、熊坂川・清滝川・竹田川の三つに分岐することから、このあたりの土地を『三尾』と呼称するようになったものであり、この土地より興った有力な氏族が土地名を冠して『三尾氏』と称したとするのである。そして、三尾の背後にある横山古墳群を三尾氏の墳墓の地とみるのである」

滋賀県安曇川の三尾も地名だが、福井県にも三尾というれっきとした地域があった。つまり琵琶湖の三尾氏は越前と深い関係がもとからあったと示唆している。

『福井県史』の続きを読もう。

「天平五年（七三三）『山背国愛宕郡計帳』（文五）に『越前国坂井郡水尾郷』が、『延喜式』兵部省に越前国の駅名として『三尾』があり、三尾の位置が坂井郡の北部と考えられることからも、三尾氏の墳墓の地は横山古墳群以外に考えられない。

さらに、『日本書紀』に、『次の妃三尾角折君の妹を稚子媛と曰う、大郎皇子と出雲皇女とを

もう一つの継体天皇陵は宮内庁が治定した

生めり。（中略）次に三尾君堅の女を倭媛と曰う。二の男、二の女を生めり。其の一を大娘子皇女と曰す。其二を椀子皇子と曰す。是三国公の先なり。其の三を耳皇子と曰す。其の四を赤姫皇女と曰す』とあり、のちの律令時代、坂井郡内に三国氏が広く分布することや、同郡の大領として活躍する人物もいることなどから、少なくとも三国公の先祖である椀子皇子の祖父三尾君堅は、越前の三尾に本拠をおいたと考えられる。

横山古墳群の古墳時代後期の前方後円墳が南端と北端とに二極化してまとまって所在し、鎌谷窯跡（金津町）の埴輪や須恵器が両方に供給されていることを考えると、継体天皇の最初の妃かとみられる稚子媛の出た三尾角折君の一族もその近くに本拠をおいた蓋然性は高い」

当時の越前平野がいかに豊かであったか。古墳をみれば、古志の豪族は大きな勢力と財力を誇り、ヤマト王権と政治的連携関係は、ふたつの強力な王権の連立政権だった可能性が高いことになる。

越前における古墳の夥しさはトップクラスで、とりわけ松岡町の二本松山古墳からは金銀でメッキした国内最古の冠が出土した。

継体天皇像

王冠がでたのだ。

味真野《あじまの》神社境内に継体天皇夫妻の大きな銅像が建立されている。金の王冠をかぶっている。

私は武生駅からタクシーをチャーターして撮影に行った。近くの学校の名は万葉小学校という。一帯は豊かな穀倉地帯である。この情景をみてこれまで推理してきた大枠が、リアルな世界となって拡がった。味真野平野こそ継体天皇が古志を治めた頃の中心地であったとも想定できる。

オホドが越前で最も力を入れたは水利、灌漑設備、とくに堤防と用水路づくりだった。農業の生命線である。越前平野の大治水事業を展開したオホドが越前を治め、成功したのは堤防、灌漑設備、用水路を整備したことで農産物の生産を助けたからである。それゆえ地元の継体天皇への評価はやけに高い。

地域政治の中心に近い丘陵地帯に古墳を造成するのは常識である。

『福井県史』が続ける。

「『続日本紀』では、古代、この平野は大きな湖でしたが、継体天皇が三国の岩山を切り裂いて湖の水を海へ流すことにより田畑を開いたとあります。ゆえに、三国は『水国《みくに》』であり、当時は、坂井郡より広い範囲をさしていました。三国や敦賀の港は古くから海上交通が盛んで、海外文化の多くがこの地から入ってくるなど、古代においては、いわば日本の玄関口であった」

そうだ。三国湊も往時交易で栄えた。三国神社から目と鼻の先である。この一帯は海抜三メートルである（住吉大社の海抜が六メートルという事実は冒頭にも書いた）。

応神天皇の五代孫、古志の大王だった継体天皇は、瓢箪《ひょうたん》から駒で即位することになったというのが従前の歴史家の解釈だった。武烈天皇がみまかり、天皇空位となったため皇位継承者として最初に候補者とされたのは第十四代仲哀天皇の五世孫、倭彦王ということになっている。ところが丹波へ迎えに行くと、大勢の行列を前におそれをなした倭彦王は山中に逃げ、行方不明となった。これも作り話である。なぜなら仮宮の痕跡もなければ倭彦王を祀る神社が丹波にはないからである。

オホドはなかなか越前から腰を上げようとせず、河内の馬飼首荒籠《うまかいのおびとあらこ》に詳しい情報を探らせた。首荒籠はたんなる馬飼ではなかった。外交、軍事で活躍した有力豪族だった。そればかりか需要の高い馬を取り扱ったチェーンの経営者、古志とは強い取引関係があった。

畿内の有力豪族だった大伴金村や物部麁鹿火《もののべのあらかい》、巨勢男人《こせのおひと》らが継体天皇の擁立に動いた。最大・最強の実力者だった大伴氏と物部氏が雁首そろえて越前の「てんのう堂」にお迎えに行った。

こうした物語風な記述はともかく、実際にオホドは従前から樟葉《くずは》などに拠点を築いていたと推測される。そこで物部首荒籠とは親しくしており、ヤマト王権の内部事情も十分に知っていた。大伴金村や麁鹿火とは知り合いだったとも考えられる。いや、おそらくそうだろう。このとき、古志の大王とヤマト王権の連立を考え出したのが大伴、物部、巨勢らで、三度断ったというのは談合を三回ほど重ねて、ようやく諸条件が合意に達したという意味であろう。馬飼の

樟葉宮跡（交野神社の奥にある）

首荒籠はメッセンジャー役として大活躍したのである。

　オホドは越前から真っ直ぐに畿内へは入らず樟葉丘（枚方《ひらかた》市）に仮宮を造成したというが、新しく造営したのではなく、もともと別業《べつぎょう》（別荘）であり、交易の拠点だった。それを増改築したと考えられる。現在、枚方市樟葉丘にある交野《かたの》天神社境内の小さな丘が樟葉宮跡と伝承されている。

　駅から徒歩三十分ほど。小高い静かな住宅地のなかに突如出現する原始林、その中に交野神社が鎮座し、樟葉宮跡はその本殿の奥だ。いまは住宅に取り囲まれているが、参道商店街があった形跡が道路沿いに残り、古代は川を見下ろせた見晴らしの良い丘だった。現場に立った私は何か古代の鼓動を聴いたような震えに襲われた。

筒城宮跡（同志社大学キャンパスの入口からすぐ）

五年後に筒城宮《つつきのみや》（京田辺市＝同志社大学キャンパスの入口からすぐ右）とし、さらに七年後に乙訓《おとくに》（「弟国」とも書く。長岡京市あたり）に遷都した。かくして十九年後に玉穂宮（桜井市）に入った。後者二つは伝承地らしい場所はあるが、特定されておらず石碑もない。樟葉宮跡と二番目の筒城宮跡は石碑がいくつか残る。

樟葉は牧場に適した土地で馬の飼育、訓練場を兼ねた。樟葉は「久須婆」とも書いて『古事記』の崇神天皇の条にも出てくるように古くから交通の要衝として知られた。

そのうえオホドは日本海の産物を運ぶため、琵琶湖を経て淀川を下るルートを抑えていた。この要害を最初の行宮《あんぐう》としたのである。

継体天皇のまつりごとの眼目は、国を豊かにして民を富ませることである。臣民一如の発想があったのだ。

『日本書紀』の該当箇所は次の通り。

「大王《おほきみ》、民《おほみたから》を子とし国を治めたまふ。最も称《かな》ふべし。臣等《やつこら》宗廟社稷《くにいへ》の為に、計ること敢えて忽《いるかせ》にせず。幸に衆の願に籍《よ》りて、乞はくは垂聴納《ゆるしいれたま》へとまうす。男大迹天皇曰はく、『大臣、大連、将相《まへつきみ》、諸臣《もろもろのおみ》、咸《ことごとく》に寡人《おのれ》を推す。寡人敢えて乖《たが》はじ』とのたまひて」

(民は国を富ます宝で有り、もっとも大切にし諸臣らは国家建設を急がず、やさしいまつりごとをなせ。高級役人は少人数で宜しい)


かくして継体天皇は樟葉宮で即位すると、大伴金村、巨勢男人、物部麁鹿火の三人を側近とした。すなわち旧政権の陣容をそのまま引き継ぐかたちで政権をかためる一方、手白香皇女《てしかのひめみこ》を皇后とし、神祇を派遣し、こう言った。

「宇宙《あめのした》には君《きみ》無かるべからず。天《あめ》、黎庶《おおみたから》を生して、樹つるに元首を以てして、助け養ふことを司《つかさど》らしめて、生命を全《また》からしむ。大連、朕が息《こ》無きことを憂へて、誠款《まことのこころ》を抜《ひら》きて、国家を以て、世世に忠なることを尽くす。豈唯《あにただ》朕が日のみならむや。礼の儀を備えて手白香皇

女を迎え奉れとのたまふ」（岩波文庫版『日本書紀』第三巻）

これらの天皇の発言は国民を御宝として尊重し、庶民の生命を大事にする世の中をつくるために誠意を持って尽くせ。元首世継ぎがいないと世の中は治まらず、皇統の姫を妃として厚くお迎えする儀式をととのえよというのである。

戦後、ＧＨＱの神道指令（全文は巻末に重要資料として掲げる）による歴史改竄《かいざん》に便乗した歴史学者たちが継体天皇に関する論争は、突然、応神天皇五世孫として古志から呼び寄せられたのだからということで、王朝交替説が学界を席巻した。

継体天皇はヤマト王権との連立を円滑化するために政略結婚をする。ということは越前に正妻を置いてきたことになるだろう。

この悲劇が能の定番のひとつ「花筐《はながたみ》」である。

舞台は越前の味真野平野、豊饒な穀倉地帯、古志の大王だった継体天皇の拠点で、味真野神社境内には仲むつまじい大王と妻の銅像が聳立《しょうりつ》している。

そこからクルマで十分ほど奥へ行くと応神以来五代を祀る五皇《ごおう》神社がある。やや急な坂道、階段を登ると森林に囲まれた厳かな雰囲気のなか、周辺は過疎の農村である。御祭神は男大迹王子（継体天皇）、誉田別皇子（応神天皇）をくわえて、稚野毛二派皇子《わかぬけふたまなおうじ》、太郎子皇子《おおいらつこ》、汗斯《うし》

味真野神社の継体天皇夫妻像（冠と花筐に注目）

王子、彦主人王子である。『古事記』には稚野毛二派皇子、太郎子皇子、汗斯王子の名前は書かれていない。

味真野神社は雄壮で古色蒼然とした御社、武生駅からタクシーで三十分ほどかかる。

味真野神社の説明はこうだ。

「継体天皇は即位する前に味真野で暮らしていたという伝承があります。室町時代には鞍谷氏の城館があり、境内の北と西に土塁の一部が残っています。鞍谷氏とは、足利義光の次子義嗣が兄の義時に疑われて自殺。その子嗣俊が越前に逃れ、鞍谷の姓を名乗ったのが始まりで、三代一五〇年続いたといわれています」

能「花筐」発祥の地の碑と像があるが、あら

継体天皇行宮跡。味真野（神社境内）

すじはこうである。

越前国味真野（現在の福井県越前市池泉町周辺）に応神天皇の五代孫がいた。

帝は味真野にて寵愛していた「照日の前」（正妻）に使者を送り、手紙と愛用した花筐を届けた。「照日の前」は、天皇の即位を喜びながらも、突然の別れに、寂しく悲しい気持ちを抑えられず、手紙と花籠を抱いて自分の里に帰った。

継体天皇はある秋の日、紅葉見物に出かける。そこに照日の前と花籠を持った侍女が現れた。侍女は天皇への恋情が募るあまり、錯乱して故郷を飛び出し、都をめざして旅をしてきたのだった。帝の行列の前のほうに飛びだすと、官人が侍女を押し止め、彼女の持つ花籠をはたいた。

表2　継体天皇の皇后、妃、夫人たち

（越前時代）
若比売（三尾系）
目子郎女（尾張の娘）＊＝安閑天皇、宣化天皇の母
（即位後）
手白髪命皇后（仁賢天皇の娘）＊＝欽明天王の母
麻組郎女《おくみのいらつめ》（近江　息長氏系）
黒比売（近江　坂田大俣王の娘）
関比売（茨田連《まむたのむらじ》小望《おもち》の娘　河内系）
倭比売（三尾君加多夫の妹）
波延《はえ》比売（安倍連系、大和あるいは駿河）
合計17名の御子（男７、女12）
★『古事記』の記述をもとに作成、『日本書紀』とは一部異なる。

官人は帝の命令を受けて、照日の前に対し、帝の行列の前で狂い舞うように促した。照日の前は喜びの舞を舞った後、漢の武帝と李夫人との悲しい恋の顛末を物語りつつ、それとなく我が身に引き寄せて、帝への恋心を訴えた。帝は、照日の前から花籠を受け取ってご覧になり、確かに自分が愛用した品だと確認し、正気に戻れば、再び以前のように一緒になろうと伝えた。照日の前は、帝の深い情愛に感激し、正気に戻る。花筐以降、「かたみ」という言葉は愛しい人の愛用の品という意味を持つようになった。

かように継体天皇は人々から慕われた。

さて史実はどうかと言えば、継体天皇は即位前に当然のことだが結婚しており、ふたり

の皇子がいた（ほかに即位後も大勢の夫人とのあいだに子供をもうける）。
『釈日本紀』（鎌倉時代にでた『日本書紀』の解説書）の第十三巻、継体天皇条に概略が書かれているが、彦主人王《ひろうしのおう》は汗斯王《うし》、三尾は弥呼、振姫は施利比弥、高向《たかむく》は多加牟久となっている。五百年後に、名前の表記が異なるというのはおそらく異本が流通していたか、あるいは別の解説がなされていたか、であろう。
『古事記』では、継体天皇は越前時代に若比売とのあいだに大郎子と出雲郎女《いずものいらつめ》を、尾張連の凡連《おほしのむらじ》の妹とされる目子郎女《めこのいらつめ》（『日本書紀』では尾張連草香の娘）を娶って広国押建金日命《ひろくにおしたけかなひのみこと》（安閑天皇）と建小広国押楯命《たけおひろくにおしたてのみこと》（宣化天皇）をさずかった。『日本書紀』では宣化天皇の和諱《わいみな》が「武小広国押盾天皇」である。

なにが問題か。

すなわち継体天皇の即位は五十七歳のときとされ、安閑天皇（広国押建金日命）はそのときすでに四十二歳、宣化天皇（建小広国押楯命）は四十一歳である。

嫡流男子が皇統継続であるとすれば、安閑天皇と宣化天皇の即位は考えにくい。しかしふたりは尾張連の妹が産んだ子であり、尾張氏は高倉下《たかくらじ》が始祖。ニニギノミコトの兄、天火明《あまのほあかりの》命《みこと》を祖とする宿彌《すくね》であって尾張国造《おわりのくにのみやつこ》を世襲した。

継体天皇政権は「古志の大王」にして、ヤマト王権との連立だが、その前に古志は尾張とも密接な絆があったわけで、事実上の後妻である仁賢天皇の内親王・手白髪命《たしらかのみこと》とは万世一系をつなぐ政略結婚だったことは明白だろう。その嫡流親王が欽明天皇となる。

つまり、次章で述べる初の南北朝（欽明天皇vs.安閑＋宣化天皇）という二朝並立期間があったとも考えられるのである。

第四章　継体天皇の時代

◉埴輪が大量生産された

継体天皇を身近に感じるには、高槻市の「いましろ大王の杜（今城塚古代歴史館）」へ足を運ぶべきだろう。

最初に見学したのは三年ほど前で、継体天皇の最初の行宮となった樟葉宮、二回目の筒城宮を撮影旅行のおり、ついでにJR高槻駅からタクシーで行った。歩くと三十分くらいの場所にある。

高槻にはもう二つ重要なスポットがある。

宮内庁が継体天皇御陵だと治定するのは太田茶臼山古墳《おおだちゃうすやま》のほうなのである。これは『日本書紀』が叙した場所が太田であるために、高槻市太田という郊外住宅地に深閑と建っているのだが、参詣する人が殆どいない。

また高槻に「ハニワ工場公園」がある。高槻市上土室一丁目。ここで今城塚古墳にずらりと並んだ埴輪が製作された。大量生産基地である。この遺跡域は昭和六十三年に調査が開始され、平成六年に「ハニワ工場公園」として整備されたもので、「今城塚古墳」に追加指定されたため「今城塚古墳 附 新池埴輪製作遺跡」に変更されている。

埴輪工場跡（高槻市のハニワ工場公園）

丘陵地帯で緩やかな斜面に三つの窯工房跡が発掘された。窯は十八基、職人の住居跡も出土した。推定で西暦四五〇年頃に窯が三基、工房が三棟、ついで施設は増築され、新たに窯業場が五基、住居が七棟建築され、埴輪の一大製造基地となった。この工場は西暦五五〇年頃まで続いた。六世紀後半は古墳の衰退期であり埴輪生産は需要が激減したからだ。

埴輪は兵士、馬、鎧《よろい》ばかりか犬、猪、住居模型、巫女などが製作され、それも驚異的な大量生産が行われた。製作チームは三つに分かれた分業体制だったと現地の看板解説にいう。埴輪工場は全国ですでに九十カ所で見つかったが、この高槻工場が規模で最大である。

この埴輪工場跡は住宅地のなか、マンションに囲まれた静かな公園である。太田茶臼山古墳から北へ名神高速道路をくぐり抜けてしばらく行く。今城塚古墳から二キロほど北西部に位置する。

継体天皇は商業に滅法明るい、国際情勢に敏感な感性の持ち主で情報力を重んじた。高島の三尾で生まれ、父は顔も知らぬうちに逝去したため、母の振姫とともに故郷の三国へ帰り、五十七歳になっての即位まで、いったいどこで何をしていたかは不明である。半世紀の空白が伝わっていない。

すでに見てきたように三国には三国神社、味真野には金冠をかぶった銅像が建立されており、能の「花筐《はながたみ》」は継体天皇と故郷においた先妻との悲恋の物語だ。味真野一帯は豊饒な水田が拡がる。その奥には応神から五代、継体のご先祖を祀る五皇神社があって、坂井市へ南下すれば高向宮跡、「てんのう堂」跡があり、付近の山麓にはヤマト王権に匹敵する豪壮な古墳が群れをなし、どうみてもヤマト王権より越前は豊かだった。

あまつさえ海外との交易に通暁していた。おそらく継体天皇が古志の大王だった時代に半島への渡海歴があると推測される。というのも、若狭から近江にかけて渡来人集落跡があちこちに点在していることが裏付けになる。応神の御代に五経博士が来日して文字を普及させた。またシナの新しい文化を伝えたので、オホドと名乗った時代から継体天皇は海外事情を掌握でき

五皇神社は応神の後、継体天皇までの五人の先祖を祀る

る立場にあった。

近畿から北九州へかけての輸送船を持ち、湖西ばかりか北摂（高槻から枚方、長岡京）あたりに別業《なりどころ》（交易拠点）を構えるほどの豪商的存在だった。したがって、ヤマト王権はその財力も狙った。というのも、雄略天皇以後、ヤマト王権の財政的基板は衰弱していた。

戦後、急に華やかになった継体天皇論のなかで王朝交替説と朝鮮半島生まれという左翼的な説の洪水もあった。かれらが根拠としてあげた最大の理由というより、疑問は即位したあと、大和に二十年間も入れなかった事実の逆さ読みである。大和朝廷史観でものごとをみるからだろう。

ヤマトの豪族等は、葛城をのぞいて和邇《わに》氏、巨勢、物部、阿倍、大伴は継体天皇の即位に賛

表３　神功皇后、応神、仁徳、雄略、継体天皇の御陵比較

●神功皇后御陵（奈良市山陵町906）
全国第12位の規模を誇る前方後円墳で、宮内庁が神功皇后陵に治定
別名「五社神古墳」と呼ばれ佐紀盾列古墳群の西群に位置する。
墳丘長267m、後円部径190m、高さ26m、前方部幅150m、高さ19m
墳丘は３段築成で、墳丘からは、埴輪や葺石などが出土。

●応神天皇陵（羽曳野市誉田３・５・６丁目）
誉田山古墳とも呼ばれ、全国で２番目に大きい前方後円墳。墳丘長約425m、後円部直径250m。高さ35m。前方部幅300m、高さ36m。大仙古墳に次ぐ大きさを誇り土の量は約143万㎥。

●仁徳天皇陵（大仙陵古墳。堺市堺区大仙町）
全長約486m、面積は約46万㎡・日本最大の古墳。
東京ドーム約10個分にあたる。墳丘は３段に築成。
後円部径は約249m、高さ約35.8m。前方部幅は約307m、高さ33.9m。
エジプトのクフ王のピラミッドや中国の秦の始皇帝陵より大きい。

●河内大塚山古墳（大阪府松原市西大塚１丁目）
第５位の規模を誇りながら、どの天皇か特定されず、宮内庁は「墓参考地」。
全長335m・前方部の幅230m・後円部の直径185m。
安閑天皇陵説があるが宮内庁は別の古市の御陵を治定。筆者は雄略天皇御陵と推定。

●今城塚古墳（継体天皇陵。高槻市郡家新町）
古墳時代後期に築造された前方後円墳。墳丘の長さ190m。
内濠、外濠を含めた兆域は340m×350mの釣鐘状の区画。
淀川流域では最大規模の墳墓。公園の外側に今城塚古代歴史館。
（同市誉田に別の宮内庁治定「継体天皇陵」がある）

成していた（というより大伴と物部は積極的な推進派だった）。平群《へぐり》氏が態度不鮮明だった理由は、南隣が葛城氏の勢力範囲だったからだ。ところが反対派とされた葛城氏は雄略天皇に攻撃されて以後、著しく衰退しており、じつは蘇我氏が葛城勢力を乗っ取りつつあった。そして蘇我氏は途中から継体天皇に賛成に回った。つまり大和に入ろうとすれば、継体天皇はいつでも入れたが、大和へ行く必要がなかったのである。大和にこだわるのは、『日本書紀』が大和朝廷史観に骨の髄まで染まっているからだ。そのパラダイムを超えた歴史解釈が必要なのだ。

◉武烈天皇が悪く書かれた理由

継体天皇の即位までの前史、ならびに即位後の皇子たちを記述する『古事記』は、簡潔そのもので、政治的業績は殆ど述べられていない。

仁賢記はわずか七行（行数は角川文庫版に準拠）。皇居の場所と配偶者一覧、そして御陵の場所だけ。仁賢天皇の記述の中で春日大郎女《かすがのおほいらつめ》が産んだなかに手白髪郎女《たしらかのいらつめ》がいる。のちの継体天皇の皇后となる。

仁賢崩御のあと、武烈天皇が後継となるが、結婚しておらず、『古事記』は「崩《かが》りまして、日《ひ》（つぎ）知らしめすべき王《みこ》無し。故品太《ほむだ》天皇五世の孫、猿本予《おほど》命を近淡海国より上り座《いま》さしめて、手白髪命と合わせまつり、天下の授け奉《まつ》りき」とあっさり片付けられている。『古事記』では、継体天皇は近江からやってきたことになっている。

『古事記』の継体天皇期の記述は二十一行と甚だしい略記。しかし皇后、嬪、夫人の名と人脈を記載し、最後は筑紫君磐井《つくしのきみいわい》を討った（原文は「石井」）と明記している。いずれにしても『日本書紀』とはたいそう趣が異なる点に留意する必要がある。

『日本書紀』は武烈天皇がいかに愚かで残酷だったかを、シナの文献にヒントを得て潤色激しく悪く悪く書いているが、『古事記』は武烈の悪行に触れず、さらにはオホドのご先祖たち（応神から五代の人名）にも触れていない。

『古事記』が『日本書紀』と比較して対照的なのは、継体天皇の皇子たちのなかで安閑天皇はわずか三行、宣化天皇は六行だけ。ところが、欽明天皇は対照的に十八行と、安閑の六倍、宣化天皇の三倍の長さである。『古事記』は欽明天皇を重視していることが分かる。言外に漂わせているニュアンスを読み取る必要がある。

継体天皇が三国から味真野、敦賀を統治して古志の大王だった頃の正妻は若売女で娘二人を産んだ。そして即位前に（1）尾張連の凡連《おほしのむらじ》の妹、目子郎女《めのこのいらつめ》と間に広国押建金日命《ひろくにおしたけかなひのみこと》（安閑天皇）と建小広国押楯命《たけおひろくにおしたてのみこと》（宣化天皇）を産んだ。（２）即位後は皇后の手白髪命との間には天国押波流岐広庭命《あめくにおしはるきひろにわ》（欽明天皇）を産んだと書かれている。（３）息長手王《おきながてのみこ》の娘とのあいだに佐々宜郎女《ささげのいらつめ》など合計して男七、女十二の子だくさん。

ここではっと気がつくのは血脈正統論から見ると、安閑と宣化は皇統を嗣《つ》ぐ資格に乏しい。それでも即位しているのだから、最初の南北朝の可能性がありうると前述した。

南北朝というのはやや大袈裟にしても、継体天皇の即位は五十七歳とされ、在位は二十一年ほど。だとすれば欽明天皇はまだ十五歳以下だったわけで、さきの皇子たちが称制したと考えるほうがはるかに合理的であろう。『古事記』の編集段階で付け足したのではないかとまで言うのは中村啓信だ（角川文庫版、２３８ｐ　脚注）。

「越前の大王」だった継体天皇の謎がかなり解けてきた。

こんにち皇位継承問題を検討する「有識者会議」は、小泉政権下で初回会合を開き、時間がかかったが岸田政権となってようやく答申をだした。男子男系の尊重が謳われ、旧宮家復活などの方法も併記された。しかし、ことは皇室典範の改正に直結する大問題であって、典範とは憲法より上位にあり内閣如きが議論すべきことではない。

それはともかく、会議での焦点のひとつが五代溯って即位した第二十六代の継体天皇だった。

有識者会議の議論に欠けている視点を整理してみよう。

第一に五代先祖とされる応神天皇は神功皇后が新羅征伐凱旋後、敦賀へ禊ぎに行かされた。若狭、越前という「古志」の入口へ行って有力な豪族たちを味方につけておく必要があったからだ。

第二に継体天皇は近江の三尾育ちというが、滋賀県高島（安曇川）に父親の遺跡はあったものの、継体天皇に関係する遺跡がない。継体の父親がこの地区の豪族だったことは動かしがたい事実で、たとえば『産経新聞』（二〇二三年十一月一日）に拠ると、一部の歴史学者が唱える「継体天皇（451～531年）の生誕地とされる滋賀県高島市の南畑古墳群にある3基の円墳は、それぞれ六世紀半ばから末にかけ3期に分かれて築造されていたことが明らかになり、注目されている」と報じた。

これらの古墳は継体天皇時代の有力者か、その子孫らの墓と推定され、木棺用の鉄くぎ、百済系の土器が出土した。高島市には継体の父親の陵墓や、有力氏族の前方後円墳がある。

『産経新聞』の報道を続ける（アラビア数字はママ）。

「南畑古墳群は標高120メートルの丘陵上にあり、6世紀を中心とした小規模古墳が集まった群集墳。平成30年までの調査で1号墳（直径約10メートル）2号墳（直径約12・5メー

足羽神社本殿（福井市）

トル）　3号墳（直径約7・5メートル）—のいずれも円墳が確認されており、今回は埋葬施設の構造や構築方法などの実態を解明するため、高島市教委と京都橘大学が発掘調査していた。その結果、1号墳の築造は6世紀中ごろで、床面に礫（れき、小石）を敷き詰めた横穴式石室を先に構築し、その後に墳丘を作る『埋葬施設先行型』　2号墳は6世紀後半で、地山を成形して墳丘を造った後に、横穴式石室を構築する『埋葬施設後行型』　3号墳は6世紀末で、墳丘の内部に木棺を直接埋葬する『木棺直葬』だった—ことなどが明らかになった」

ところが福井県へ行くと、高向《たかむく》宮跡などがあり、付近には豪族らの巨大な古墳群がある。

福井県に継体天皇を祀る神社は三国神社、足

てんのう堂跡地は田園地帯にポツンと残る

羽神社を筆頭に十五社、石川県に一つ、ほかに境内社が三つ。合計十九社が継体天皇を祀っている。

他方、滋賀県に継体天皇ゆかりの神社は父君の彦主人王を祀る田中神社、后の振媛を祀る水尾《みお》神社があっても、継体天皇が主神の神社はない。息子の安閑天皇を祀る神社は、民家の庭先に小さな祠だけである。この扱い方は何かを物語っているのではないか。

大伴金村と物部麁鹿火が「出迎え」に赴いたと伝えられている場所が、「てんのう堂」として福井県坂井市丸岡町の田圃のなかに残る。

これまでの論争は、継体天皇が「古志国からの天皇」という歴史を画期した出来事に比重を置いていない。ヤマト王権が脅威視した古志と政治的妥協が成立したという見立てはほとんどない。

◉淀川水系は地政学上の要衝

継体天皇は枚方の樟葉宮で即位式を執り行い、次に筒城宮へ遷都、そして長岡京市あたりの弟国宮《おとくにのみや》へと、三回遷都された経過は見たが、最終的に大和へ入ったのは西の吉備、筑紫の反乱の動きに備えが出来たからである。

実地踏査してみると、樟葉宮も筒城跡宮も、淀川水系の段丘に位置し、水運・流通の拠点という地政学が呑み込める。要は淀川水系。石清水の北側が桂川と木津川が合流する。継体天皇の樟葉宮はこの淀川水系の重要な要衝の間を移動していた。頻繁な遷都理由を想像すると、台風、洪水、土砂崩れなどの自然災害の影響で地形が変化し水流が変わったからだろう。ともあれ地政学の要衝を抑えた継体天皇は、どの歴代よりも「経済」を優先した。地政学に照らせば飛鳥や奈良は経済の大動脈から外れた辺地だったのである。

当時の産業を考えているともっと納得がいくかもしれない。朝鮮半島からの最重要輸入品は鉄塊である。鉄材料を輸入し、改鋳、鍛冶、加工した。その工場跡が近江湖東に集中している。剣、工具、農耕具として生産された。また木材は国内で調達出来たが主力は建築用、そして船舶をつくる材木である。美濃、吉備、安芸に良材があった。吉備の勢力が侮りがたいのは、鉄の加工を含めてこれらを自力で調達出来たからだ。吉備の古墳群がヤマト王権に迫るほどの規模が、それらのことを証明している。

もう一つが衣類、養蚕は高天原で行われていたと『古事記』がいうように、繊維産業も富の源泉だった。つい半世紀前の日米貿易摩擦を思い出すと、日米が争ったのは自動車でも半導体でもなく「繊維」だったのだ。往時、日本の繊維産業を代表したのは富山、石川、福井、そして滋賀県とまさに古代の「古志」文明圏の産業構造と重なる。こうした視点からの継体天皇論にお目にかかったことがない。

北陸新幹線が令和六年三月に金沢から敦賀まで延びて、芦原温泉駅が新設された。観光名所の東尋坊はここが拠点となり、名湯芦原温泉も近い。

この駅から徒歩で十五分くらいのところに「あわら市郷土歴史資料館」がある。付近の横山古墳群などから出土した壺、装飾品、刀剣などが展示されている。古志国はヤマト王権に匹敵する地域王権であったことが分かる。越前古墳群の規模から推定できる古志国の勢力、その統治範囲、財力、つまり六世紀までの日本は『魏志倭人伝』が勝手に倭としたが、日本という国号がない時代だった。そのうえ日本には文字がなかった。大和朝廷の全国統一事業は第二十一代の雄略天皇から本格化し、第二十六代の継体天皇が筑紫君磐井を制圧することで大和朝廷の実質が顕現したのである。

それまでのヤマト王権は近畿の地域王権に過ぎず、出雲、古志、北九州、吉備、そして尾張以東の地域王権の広がりがあった。ヤマト王権は地域豪族連合のワンノブゼムであり、出雲はオオクニヌシの国譲りでヤマト王権と連立したが、吉備は第二十一代雄略天皇の時代にようやくヤマト王権と政治同盟を組んだ。このときまでに尾張から北関東にかけてはヤマト王権と連携していたので、ワカタケル（雄略天皇）の刻印がある刀剣が埼玉と熊本から出た。

埼玉県行田市の稲荷山古墳から出土した鉄剣には百十五文字が金の象嵌《ぞうがん》で彫られ、大王ワカタケル（＝雄略天皇）の名が刻まれていた。国宝となって記念館に厳かに展示されている今では、ガラスケースに入れられて直に触ることが出来ない。

熊本県玉名郡和水町の江田船山古墳からは、刃渡りが八十五センチの太刀が出土した。銀象《ぎんぞう》嵌《がん》の銘文にワカタケルとあった。

継体天皇の時代に北九州の磐井を制圧し、ここで初めてヤマト王権が地方政権を統合、大和朝廷となったのである。

さきに『福井県史』のところでみた横山古墳群は、現在のあわら市から坂井市丸岡町にかけて広大な丘陵地帯に集中している。古墳の数たるや前方後円墳が一五基、方墳が五九基、円墳が一六〇基で、総計二三四基に及ぶ。百舌鳥・古市古墳群とならび「世界遺産」を申請してもよいほどだ。

とくに横山古墳群は前方後円墳を中心に方墳、円墳が群集している。前方後円墳のうち、平坦部に現存する椀貸山《わんかしやま》古墳（坂井市）。越前の前方後円墳の約四分の一が集中し、北陸最大規模の古墳群である。

また椀貸山《わんかしやま》・神奈備山《かんなびやま》両古墳は、吉田郡永平寺町手繰ヶ城山《てぐりがじょうやま》古墳・坂井市丸岡町六呂瀬山《ろくろせやま》一、三号古墳など尾根の稜線上にあって、古代の財と権力を象徴する。とくに神奈備山古墳群は横山古墳群の中で最も大きい古墳。古墳時代後期（六世紀中頃）の前方後円墳と言われるから継体天皇の時代である。副葬品として、装身具類は小型銅鏡片・金環・ガラス小玉が、また武器・武具類では環頭太刀把頭《つかがしら》片・鉄刀・鉄鏃・挂甲《けいこう》片などが出土したほか農工具や馬具、及び須恵器片も多数が掘り出された。馬の普及が急速に進んでいた事実を物語る。

◉筑紫君磐井の乱

継体天皇二十一年（五二七）に筑紫君磐井の「乱」が勃発し、大和朝廷は大兵団を筑紫に派遣して力づくで平定した。

西国には剣呑《けんのん》な空気があった。吉備は雄略天皇の御代になんとか制圧し、その後も吉備が支援した星川王子の乱を鎮め、服属させることができた。残る問題は北九州に盤踞《ばんきょ》する豪族、筑紫君磐井である。現在の八女市に陣取った磐井は有明海ルートも開拓し、新羅との交易で栄えていた。北九州とくに博多をバイパスした交易ルートである。

磐井は現在の大分、熊本北部、佐賀にも影響力を持ち、ヤマト王権（大和朝廷）など、ものの数ではないという野心に燃えていた。この時代の感覚は統一国家という認識が希薄であり、中央の政治的権威は低かった。

実態としては「北九州王権」と「古志プラス近畿豪族連合＝ヤマト王権」の対立だった。吉備と出雲はヤマト王権に組み入れられていた。関東勢は雄略天皇の御代から服属した。地理的に中間にあたる尾張は、早くからヤマト王権と連立していた。この状況のなかで磐井は独立国家然としていたのだ。

所謂「磐井の乱」とヤマト王権からみれば「反乱」だろうが、磐井からみれば、いきなり攻められた格好になる。

筑紫君磐井と新羅とは貿易をしており、複雑に絡み合った国際関係が背景にある。単に継体天皇の治世に歯向かったのではなく大規模なクーデター未遂だったかも知れない。

継体天皇は百済へ梃子《てこ》入れし、大々的な支援をしていたが、新羅と結んだ筑紫の王、磐井は自らの利権基盤を失いかねない。当然だが反対する。

継体天皇は、大伴大連金村・物部大連麁鹿火・巨勢《こせ》大臣男人《おひと》らとはかり、物部麁鹿火が将軍に任命された。西暦五二八年、筑紫三井郡（現福岡県小郡市・三井郡付近）で交戦し、激闘の結果、磐井軍は敗北した。磐井の子、筑紫葛子《つくしのくずこ》は連座から逃れるため糟屋《かすや》（現福岡県糟屋郡付近）の屯倉《みやけ》を大和朝廷へ献上し死罪を免ぜられた。

肌寒い初春、小雨が降る日だった。久留米から八女へ向かうバスを途中の福島高校前で降りた。

やや緩慢な坂道を登ると広大な遺跡が拡がる。これが筑紫君磐井の墓を兼ねた岩戸山古墳である。磐井の墓と比定されたもので全長一三五メートル、高さ一七メートル、北九州最大の前方後円墳である。

また敷地内の記念館（「岩戸山歴史文化交流館『いわいの郷』）には武人・力士・馬などが石で彫刻され、石の兵士、石馬などの石像、石刀、石壺などが夥しく展示されていて圧巻である。なるほど、近畿勢や出雲とは文化が異なる。ここは「石の文化」だ。

兵馬俑《へいばよう》のような大型の石人がぬっと立っていて驚くことばかりだ。副葬品も半島系のものが多く銅鐸《どうたく》などはない。

記念館の裏手が筑紫君磐井の墳墓で周辺にも古墳が集積している。

この岩戸山古墳を見学しながら筆者の胸裏に去来したのは「倭の五王」という曖昧な存在のことだった。

「倭の五王」なるものは『宋書』が書いて、以後も二、三のシナの史書に援用されたが、五人の日本の王が朝貢したので官職を与えたとする上から目線の記述である。

讃が応神天皇か仁徳天皇であり、以下、反正、允恭などに当てはめ、武が雄略天皇と解釈する議論が戦後喧《やかま》しくなった。

これらのことは『古事記』と『日本書紀』に書かれておらず、シナの史書の「創作」か「政治宣伝」である。

第一にシナの文献を金科玉条のごとくあがめる日本の歴史学界の悪しき風習はなんとかならないものか。

第二にシナの史書は勝者の歴史であり事実改竄《かいざん》は平気の平左、信用に値しないということをなぜ分からないのか。

第三に邪馬台国の卑弥呼が魏に朝貢したというが、これも日本側には記録がない。宮廷跡も卑弥呼の陵墓もみつかっていない。ことほど左様に、倭の五王の日本の天皇の誰々に当てはめるような歴史パズルなど、無意味である。

ともかく『宋書』にせよ『魏志倭人伝』にせよ、伝聞による誤りが多く、たとえば孝謙天皇を孝徳天皇と誤記している。

ところで、その日の私は、岩戸山古墳の脇に立って、九州あたりに「大王」を名乗って、ヤマト王権とは別に朝貢した豪族がいたのではないか、或いは新羅が日本の使節と偽って偽の朝貢をした史実もあるから、偽造の朝貢使節だったかもしれないと連想を逞しくしたのだった。

第五章　継体天皇「以後」

◉蘇我氏の台頭はなぜ可能だったのか

継体《けいたい》天皇以後、大和朝廷は「政治安定期」を迎えたと多くの歴史家が解釈してきた。正反対である。皇統後継をめぐる熾烈な政治対立がむしろ激化、もしくは悪化したのが継体天皇以後の時代だった。

第一に躍進めざましい新興勢力の蘇我稲目が天皇の外戚として格段の政治的地位を築き、史書の順番を信用するとすれば、皇后を差し置いて自分の娘たちを入内させ天皇とのあいだに生まれた皇子を先に天皇の位に就けた。それまでにない政治スタイルで、従来、和邇《わに》氏、佐伯氏、巨勢《こせ》氏等は、天皇に娘をおくりこんだものの政略結婚の延長であって、天皇の外戚となって権力トップの座を占めようとする発想はなかった。

蘇我氏の横暴と伝統を無視した価値紊乱《びんらん》の時期にはシナ、朝鮮からの帰化人が急増していた。その数は一万数千人に及び、秦氏など有力氏族が技術や文化をもって日本に事実上の亡命をなしていた。彼らの殆どが文字を読みこなせたようである。

鉄、鍛冶、窯業、蚕、農土木、農耕具、刀剣、埴輪、建築の新技術、そして文字の読み書き等、かれらの大半を蘇我氏が束ねていた。その巧緻な組織力と影響力の浸透ぶりは、よほどの政治的秘訣を身につけていたと推測される（河内には「土師ノ里《はじ》」という駅もある。土師氏は土木系の技術を氏業として古墳造営や葬送儀礼に関わった。野見宿禰《のみのすくね》を祖先とするから埴輪を発明した一族でもある）。

蘇我馬子の崇峻《すしゅん》天皇暗殺の背景には、両者の抜きがたい対立があった。皇国史観から言えば、天皇暗殺などあってはならない悪魔の行為である。崇峻天皇は天皇親政をめざし、新羅征伐軍を編成し、一説に二万人の兵隊を筑紫に待機させる一方で、横暴な蘇我馬子を遠ざけ、皇居も馬子の盤踞《ばんきょ》する飛鳥から離れた山麓を選んだ。

蘇我馬子は日本で初めて伽藍《がらん》をもつ法興寺を建立し、尼僧三名を仏教習徳のため百済に留学に出すなど天皇の許可を得ずに勝手な外交を展開していた。崇峻天皇の皇后は大伴小手子《こてこ》で皇族でなく、ふたりの間に誕生した蜂子《はちのこ》親王はまだ幼いため、用明天皇と推古天皇が蘇我馬子と組んで後継を狙った。図式的には「馬子プラス推古vs.崇峻天皇」の対決構造となる。

また崇峻天皇は任那復興の熱意が強く、阿倍臣を北陸道に派遣する一方で、紀男麻呂《きのおまろ》等を将軍に指名して二万を筑紫に集結させ、渡海を待っていた。渡海準備をした例は以後、聖徳太子が弟君を将軍に二万五千を待機させたし、藤原仲麻呂は五百隻の船の建造を命じ北九州に二万五千を待機させてまさに出航寸前だった。前者は弟君の急死、後者は疫病の大流行、いずれも出航直前に取りやめとなった。

崇神天皇の時も、軍事力の主力は九州方面に展開され、飛鳥の軍備はカラである。これをチャンスとみたのが蘇我馬子で、東漢駒《やまとのあやのこま》を唆《そそのか》し、暗殺させる。そして口封じで東漢駒も殺害して、事件を闇に葬った。漢一族は東と西に分かれており軍事方面を担当。とくに東漢氏は蘇我氏の傭兵だった。

蘇我氏は自前の軍事力を持たず群臣の兵力に依存した。自邸警備は傭兵である。のちの「乙《いっ》巳《し》の変」（大化元年＝六四五年）で横暴を極めた蘇我入鹿が討たれても、父親の蘇我蝦夷が中大兄皇子に軍事力での反撃が出来なかったように、技術集団を束ねてはいたが、東漢駒がいいように利用されたため、蘇我氏の傭兵ではあっても忠誠心はなかった。つまり蝦夷のために死のうという軍人はいなかったのである。

●帰化人を束ねたのが蘇我氏だ

帰化人と渡来人を同一視する向きが多いが、渡来人とは倭人の帰還、もしくは往来が主であり、朝鮮半島南部は倭人が多くいたことは『魏志倭人伝』さえ伝えている。

帰化人は百済、新羅、高句麗、シナからの政治亡命者が主体である。新興勢力の台頭とは軍事力、情報力、それを支える経済力が主因である。蘇我氏は帰化人たちを駆使し、技術を寡占し、たくましく富を蓄積した。蘇我氏はそもそもどこから来たか、中西進らが唱えた朝鮮半島からの帰化人説があったが、古代史学者の多く、とくに倉本一宏らは葛城氏のなかからのしあがった豪族とみている。衰退気味だった葛城氏の軒先を借りて母屋を乗っ取ったのだ。

第二に蘇我氏が朝廷内で影響力を増し、伝来した仏教を政治武器化し、排仏派を窮地に追いやった。廃仏毀釈を主張した物部、中臣勢が劣勢となった。大伴、葛城、佐伯、和邇氏ら古くからの大和豪族たちは大きく後退した。

問題は仏教である。仏教の伝来が日本史を画期したのだ。仏教伝来は西暦五三八年説と五五二年説がある。後者の五五二年が仏教伝来だったとする大川周明は、欽明十三年に百済王聖明が特使を遣わし、多数の経典と仏像をもたらした歴史的事実に立脚する。ただしそれ以前、すでに大和地方には継体天皇の御代から仏教の普及は始まっていた。公式的な仏教伝来より半世紀ほど早いのだ。

「継体天皇の御宇《ぎょう》には、シナ南梁の人、司馬建等《しばたつと》というが来朝し、大和の地に住みて熱心に伝道していたので、大和地方には仏教すでに行われ、恐らく蘇我稲目もその信者の一人であった。しかるにいまや百済王が公に仏教を吾が皇室に勧奨し奉るに及び、この新しき宗教を如何に処理するかということが、国家の一大問題となった」（大川周明『日本二千六百年史・増補

版』、毎日ワンズ）

第三が蘇我馬子による崇峻天皇暗殺、穴穂部皇子《あなほべの》（敏達《びだつ》皇后の弟）の暗殺と続き、継体天皇以後も朝廷は安定からほど遠い政争劇が苛烈に残忍に繰り返されていた。こうしたやり方はシナ風であり、縄文時代のような平和な風習は破られた。

そもそも仏教は仏像を拝むというスタイルで、日本の縄文以来の太陽信仰、自然の山や川、巨石を拝むという伝統からは異質の宗教だった。仏教をめぐる豪族間の対立は究極的に軍事衝突となって聖徳太子の時代へ突入しても対立は収まらず、結局、蘇我一族を殲滅させた「乙巳の変」（大化の改新の序幕）まで尾を引くのである。

ここまで述べてくると、継体天皇の皇統後継の要請のために大伴金村と物部麁鹿火《あらかい》が越前に迎えに行ったという設定は『日本書紀』の潤色であることが理解できる。

『日本書紀』にしたがって、福井にはふたりが継体天皇を説得した「てんのう堂」と越前王として執務したという高向宮跡が残るのだが、筆者が現地で探すのに一苦労だったほど侘しい場所で、現場に立つと歴史書と現場とのおおきな矛盾を感じる。

真実は分からないが、継体天皇の即位とは、越前から古志の軍隊が近江の豪族を従えて南下

継体天皇が越前で執務したという高向宮跡

したのではないか。軍事力を誇示しての進軍であったにしても、『日本書紀』の叙述は大和王朝史観だから、まさか大和王朝が侵攻をうけたとは絶対に書かないだろう。

であるとすれば、一部の歴史学者が唱えるようにヤマト王権と継体天皇との対決が二十年に及んだすえの皇位簒奪だったとする解釈も、成立する可能性もすこしは残る。

もう一つ別の見方は樟葉宮、筒城宮、弟国宮はもともと継体天皇の別荘であったとすれば、河内から明日香方面へ入るより、淀川水系から瀬戸内海に至る交易航路の確保に重点が置かれ、継体天皇は「通商国家」を企図していたことになる。その後の筑紫君磐井の反乱を死力を尽くし鎮圧したことを勘案しても、貿易の一元化が最大の目的だったことは明白である。それが国家統一ということである。国際貿易と地政学から勘案すれば、河内から飛鳥という地域は辺境なのである。

日本海沿岸のほうが当時は経済的に繁栄していた事実は何回か述べた。生駒山を越え盆地を基盤とするヤマト王権は辺境の地域政権でしかない。したがって、古志の勢力とヤマト王権との政治同盟の強化こそが統一国家の礎となるとの情勢判断が継体天皇にはあった。かように考えると、霧に蔽われていた歴史の闇のもやもやが晴れる。

継体天皇は大和の磐余玉穂宮《いわれのたまほのみや》で崩御した。『百済本紀』なる朝鮮の書物では「日本天皇及太子皇子倶崩御」と書かれていると『日本書紀』が併記している。天皇と皇太子が同時に亡くなったという事実はないが、そういう噂が百済に伝わったのだろう。

継体天皇を継いだ安閑《あんかん》天皇は『古事記』では広国押建金日命《ひろくにおしたけかなひのみこと》だが、『日本書紀』では勾大兄《まがりのおおえ》で、諡《おくりな》を広国押建金日命とした。母は尾張連《おわりのむらじ》の草香《くさか》の娘で目子郎女《めのこのいらつめ》、継体天皇崩御の日に即位したという設定は疑問だ（そんなことはあり得ず、崩御によって皇太子が決まったのだろう）。翌年に安閑と宣化《せんか》天皇の異母弟、欽明《きんめい》天皇が即位した。

これも不思議、つまり安閑天皇、宣化天皇朝と欽明朝とは両朝が並立していた対立構造が推察される。「南北朝」の原型だったという考え方も先にみた。継体以後は「安閑・宣化天皇 vs.欽明天皇」という図式となる。

つまり正統嫡流という考え方に立脚すれば正妻の皇子は欽明天皇である。二朝併存説は、安閑、宣化天皇の母親が尾張連であり、継体天皇としては長く同盟関係にあった尾張勢の面子《メンツ》を立てる必要があった。ただし安閑天皇は仁賢天皇の皇女、春日山田を皇后として迎え、くわえて豪族巨勢大臣男人の娘、紗手姫《さてひめ》、その妹の香香有姫《かかりひめ》、物部大連木蓮子《いたび》の娘、宅姫《やかひめ》を后としている。安閑天皇を継ぐ宣化天皇も安閑同様に仁賢天皇の娘、橘仲《たちばなのなかつ》を皇后としている。

つまり安閑、宣化もまた仁賢の皇統を継いだ。宣化天皇は檜隈《ひのくま》の廬入野《いおりの》に遷都し、大伴金村と物部麁鹿火を大連に蘇我稲目を大臣にしている。この人事を見ても、大伴金村が新羅から賄賂を取っていたので失脚したという説は年代が合わない。大伴氏の失脚は後年にライバルだった物部氏が仕掛けたのである。

◉仏教伝来とキリスト教伝来とはどこが違うのか

欽明天皇以後、仏教が日本に伝わり、受容するか排斥するかの対立がおよそ一世紀続いた。戦国時代の切支丹バテレンの伝来と仏教のそれとを比較してみよう。

継体朝からおよそ一千年後の十六世紀、イエズス会の宣教師が日本に上陸した。切支丹バテレンの野望に対して、信長、秀吉、家康の三人の戦国武将はいかに侵略者と闘ったか。

当時のグローバリズム、近代で言えばマルクス主義、現代では左翼全体主義の隠れ蓑。それが切支丹バテレンだった。

九州の大友宗麟《そうりん》、周防《すおう》の大内氏らを丸め込み、西国大名への説得と布教活動は瞬く間に京へと至り、イエズス会と信長との駆け引きがはじまる。交易利権をちらつかせての布教と仏教界との衝突、秀吉の宣教師追放から江戸時代には伴天連《バテレン》の完全な禁教は鎖国へと至った。イエズス会は今日で比喩すればアルカイーダ、侵略軍の尖兵である。

一神教は異教を認めない非寛容が基軸であり、その独善主義的傲慢さは日本人の体質には合わない。最初の布教は擬装によってなされた。デウスの神と大仏とを酷似させる（デウスを大臼《デウス》と呼称）の方法がとられたのである。

ザビエルの日本の印象は悪くなかった。

「今までに発見された国民のなかで（日本人は）最高であり、日本人よりすぐれている人々は異教徒の間では見つけられない」と本国へ報告した。たしかに褒めてはいるけれども上から目線だ。ザビエルは途中でマカオへ引き返した。山口にはコスメ・デ・トルレスが残り、書簡を認《したた》めてこういった。

「日本人はイエズス会の教えをかれらの間に植え付けるのに非常に適した素質を有する。すなわちかれらには分別があり、理性にもとづいて己を処する。彼らは好奇心に富み、いかにすれば自分の霊魂を救い得るかについて話すことを好む。かれらの間には良き礼法があり、まるで宮廷で育ったかのように互いに非情に慇懃な態度をしめす」

ヴァリニャーノ司祭の日本到着は一五七九年だった。それまでの宣教師カブラルは非常に高慢ちきにして傲岸不遜、日本人に偏見を抱き、西国大名から非難の的となっていた。報告された信者数は過大報告でまるっきり出鱈目だった。

「日本人に対して（カブラルは）無礼である。神社仏閣をわれわれ（西国大名）が破壊したのは司祭たちが教理に反するというので不本意に行ったまでのこと。宣教師たちが日本の美しい習慣や高尚な態度を学ぼうと努力しないことはまったく無知なことだ」（松田毅一『天正遣欧使節』、講談社学術文庫）

それでも麻疹《はしか》のような流行病のごとく、昨今のグローバリズムを彷彿させるように伴天連の信者が拡大して影響力を増すと、かれらの隠れた本質が露呈した。

人種偏見、奴隷売買、とくに日本から大量の奴隷を海外へ売り飛ばす、海賊並みの悪徳商人らとイエズス会は裏でつるんでいた。また大友宗麟らは、戦争捕虜を売り飛ばすことに躊躇がなかった。

こうした裏面史が実証されたのは近年である。

ＧＨＱは戦後、神道を否定し日本をキリスト教国に変えようとアメリカから宣教師を数千よびよせ、片っ端から土地を接収して教会を建て、聖書を無料で配布し、ラジオ局をコントロールし、「ルーテルアワー」などとキリスト教の宣伝をさせた。

◉ようやく真実が明るみに出た

閑話休題。ここ三年ほどのことである。真実を伝える書物が相次ぎ、渡辺京二『伴天連の世紀』、ルシオ・デ・ソウザ、岡美穂子訳『大航海時代の日本人奴隷』、三浦小太郎『信長・秀吉・家康はグローバリズムとどう戦ったのか』（ハート出版）などの力作が出そろって、ようやく六百年前の真実が判明したのである。

イエズス会はトップダウンの布教を最初から企図し、大名たちのオルグに専心した。その結果、蒲生《がもう》、大村、有馬、小西など有力どころが信仰し、高山右近に至っては、高槻の寺院を破壊し仏僧を殺害し周囲から異端視された。最後まで棄教しなかったためマニラへ追放された。

名将と言われた蒲生氏郷は早死にし、小西行長、黒田官兵衛らは棄教を装った。

渡辺京二はキリスト教伝来を「ファースト・インパクト」と呼んだが、セコンドであろう。日本史における最初の異教との激突は、伴天連上陸の一千年前、六世紀の仏教の伝来であったはずだ。

仏教は欽明天皇期に入ってきたが、蘇我氏の個人的信仰だけが認められ、経典と仏像は難波の堀に棄却された。敏達天皇は禁教の詔をだした。大伴、物部、佐伯、和邇氏らが仏教は邪教として退けた。ファースト・インパクト、すなわち廃仏毀釈が起きた。

自然信仰の古代神道では仏像を拝むなどは奇妙な風習であり、とてもなじめるものではなかった。その一方で欽明朝は、新興財閥で渡来人を束ねた蘇我氏の保護をうけており、物理的に仏教を禁じることは出来なかった。

敏達天皇は仏教信仰を遠ざけ、物部守屋を大連に、蘇我馬子を大臣《おおおみ》とし、外交では百済復興に力をそそいだ。敏達天皇が仏教を禁教としたことも特筆しておくべきだろう。

継体天皇の嫡流は敏達天皇、仏教徒になった用明天皇は傍系だった。用明は蘇我馬子の娘と敏達天皇のあいだに生まれたから傍流からの即位だった。崇峻天皇の皇子・蜂子親王らが未成年だったため、用明天皇は中継ぎだったのだ。用明は個人的に仏教を信じた。以後、なし崩しで仏教は宮廷と貴族社会を猖獗《しょうけつ》した。

第三十一代用明《ようめい》天皇はうってかわって仏教を信じた。あくまでも用明天皇は個人的信仰ではあるが、これはキリスト教をローマの国教としたコンスタンチヌス帝の行為と同じく画期的な事件だと比肩したのが渡部昇一だった。

崇仏派は大きな勢力に成長し、その集団は蘇我馬子が率いた。

他方、排仏派は大連《おおむらじ》の物部守屋、かれらが擁護し次期天皇に担ごうとしていたのが穴穂部皇子だった。宗教対立を名目に、じつのところ物部氏vs.蘇我氏の覇権争いとなった。物部守屋は猛攻、戦争上手で知られたが、うっかり射殺されたため物部一族は滅びた。この蘇我一族の独裁的政治が終わるのは乙巳の変を待たなければならない。

穴穂部皇子の古墳は法隆寺そばの藤ノ木古墳で横穴から石棺がのぞける。十数年前に開梱作業が行われ、穴穂部皇子ともうひとりのミイラがでたことを当時、メディアは大きく報じた。

蘇我氏は仏教を敵視した物部氏を殲滅《せんめつ》したが、仏教は一神教ではなかったため、日本人特有の中庸精神が神仏混交という世界に稀なスタイルを発明した。聖徳太子は仏教を準国教化したが、法隆寺の周りに神社を建立し、日本の古き神々が仏様を守るという建築思想を取り入れた。留意されたい。仏教寺院は周りの神社が加護するという、世界の宗教史にはない独特なかたちを生んだのである。

乙巳の変で蘇我氏は退治されたが、古代神道派の中臣鎌足には仏教集団を殲滅するという発想はなく、逆に蘇我氏壊滅以後も仏教は影響力を増してゆく。仏教の猛威は収まらず、聖武天皇は大仏建立と鑑真の招致を試みる。そればかりか聖武の内親王＝孝謙・称徳天皇は仏教の法王（道鏡）と天皇の二元政治による共同統治を試みた。これは国体の破壊につながりかねない（詳細は拙著『二度天皇になった女性』、ワック参照）。

そして仏教伝来から千年の後、信長は横暴をきわめた仏教の武装勢力に対抗するために切支丹バテレンの力を政治的に活用したのである。

◉欽明と敏達の仏教へのアプローチの違い

第二十九代の欽明天皇期の特徴はといえば、百済とは良好な関係にあったため新羅と対立関係となったことだ。

物部、中臣らは仏教を邪教として排斥し、蘇我氏は仏教を是としたため紛糾し、蘇我稲目が個人的に信仰することを認めた。その後、疫病が蔓延したため災禍は邪教（仏教）の所為とされた。

欽明天皇もまた父親がそうしたように、正統な皇統を継ぐために仁賢《にんけん》の娘を后に迎えた。皇后は春日山田だったが、その妹の雅綾姫と日影皇女、蘇我稲目の娘、堅塩媛《きたしひめ》と小姉君《おあねぎみ》、春日臣の娘、糖子《ぬかこ》ら蘇我の娘たちが七男六女を産み、のちの用明天皇、そして用明崩御にともない用明の娘が推古天皇として即位した。小姉皇女が産んだ皇子が崇峻天皇である。

第三十代敏達天皇は欽明天皇の第二子で、母親は宣化天皇の娘石姫。つまりここで第一次南北朝が合体したと解釈できる。

用明天皇の和風諡号は、『日本書紀』では橘豊日天皇《たちばなのとよひのすめらみこと》、『古事記』では橘豊日命《たちばなのとよひのみこと》、漢風諡号の「用明天皇」は代々の天皇を一緒にして八世紀に淡海三船らが考案した。

用明天皇の父は欽明、母が蘇我稲目の娘、堅塩媛である。ほかに用明天皇は小姉君の娘、泥《はつかし》部《べ》穴穂部皇女を皇后として、厩戸、来目《くめ》、殖栗《えくり》、茨田《まんだ》の四人の内親王をもうける。用明は仏教への帰依が深く、邪教として反対してきた物部、中臣と崇仏派の蘇我氏のとの対決は抜き差しならない状況となった。法隆寺や薬師如来は用明天皇の病平癒を祈って建立された。第三十二代崇峻天皇は欽明天皇の第十二子だった。母は蘇我稲目の娘、小姉君だ。蘇我馬子は穴穂部皇子を暗殺し、ついで最後まで仏教に反対して物部守屋を討つと、蘇我の必勝を祈っていた聖徳太子は四天王寺を建立した。聖徳太子は蘇我馬子に保護されていたのである。

穴穂部王子が不在になると、皇位継承権の下位にあった崇峻が即位した。蘇我馬子の専横が目立つようになり崇峻天皇は苛立ちをつよめ、「猪を屠《ほふ》るように斬りたいものよ」と語った。仄聞《そくぶん》した馬子は東漢直駒に崇峻暗殺を命じた。

その後、敏達天皇皇后だった推古天皇が即位し、厩戸王子が摂政として活躍する推古朝は三十六年の長きに亘った。日本史の教科書でかならず習う十七条憲法は「和を以て尊し」が有名なフレーズだが、仏教を敬えと書いているので崇仏憲法ともいえる。

ここまでの推移は重要なことなので別の角度から深掘りしておこう。

大伴、物部、佐伯、和邇氏らの豪族も、神祇界を代表した中臣《なかとみ》、忌部《いんべ》氏らも皇室の仏教傾斜を憂鬱な想いで眺めていた。ナショナリズムを基盤とする保守勢力にとって、仏教という得体の知れない新興宗教は遺棄すべき排撃すべき対象であった。

なぜ仏教の浸透を止められなかったのか？

第一に強大な勢力となった蘇我氏が技術をもつ帰化人たちを束ねて仏教を保護し、仏教を勢力拡大の道具として用いたからである。後世、信長が切支丹バテレンを仏教武装集団を牽制する道具として用い、巨大な武装集団となっていた仏教に対抗したように。

第二に日本古代の神道は自然信仰であって布教もせず、教典もなく、ましてや強制力がなかった。神道勢力には武力がなかった。この頃の天皇は「大王」と呼ばれており、また祭祀王という宗教的神秘性を付帯したカリスマ的存在である。「天皇」の称号は天武帝以後である。

第三に朝議で徹底的に反対した物部尾輿《おこし》、守屋が、ねちねちと続いた蘇我との争いで最後に敗れ、仏教が公認されるに至る。敏達天皇まで仏教は「蛮神」と定義され、捨て置かれたが、敏達朝では蘇我馬子が大臣となり、大連物部守屋と並んで朝政を執行する。新羅がたびたびの朝貢をなすが、帝は面会さえしなかった。蘇我氏が類い稀なパワーを発揮できたのは財力と配下の帰化人がもたらした情報により、シナの様相、皇帝の信教、仏教の影響力の迅速な拡大という事実を早い時期に把握していたからである。

蘇我氏は政治利用する価値ありと仏教に大いに着目した。蘇我馬子は実権を掌握してはいたが、天皇の持つ祭祀王としての宗教的権威を伴う立場ではない。血脈による外戚関係の確立は進行していたが、国家を主導するカリスマ的権威が必要であり、その文脈から蘇我馬子は政治道具として仏教の活用法を見出すのだ。

国家体制をシナや朝鮮のように宗教的秩序で社会を構築できるという構想力を抱いた。

推古天皇は後継に山背大兄王（聖徳太子の息子）を考慮していた。

だが山背は蘇我氏に滅ぼされ、舒明《じょめい》天皇へバトンタッチとなった。

仏教という、それまでの伝統とは異質の宗教がブームとなると、「バスに乗り遅れるな」という掛け声となった。先頭を切って仏教に学ぼうとし、留学生を隋に送ることを思いついたのは推古天皇期で発案は聖徳太子だった。

神仏混交を言い換えると、山本七平が言い出した「日本教」である。寺院のまわりに神社を建てたのは聖徳太子以来で、古来の神仏習合という思想が日本では独自に育っていくのである。

『神皇正統記』は「一宗に志ある人、余宗を誹《そし》り賤《いや》しむ、大木なる誤りなり」と戒めている。これを神国思想と名付ける学者もいる。

シナ大陸と朝鮮半島が「先進的文明国」だったかのような印象を抱かせる書き方を歴史書が往々になしているが、文明は西のギリシア、ペルシアから長安に流れ、鉄器も陶器も絵画も音楽も宗教もシナを経由して、半島に伝わり、時間的な差があっただけで、「先進国」ではなく「先着国」と言い換えるべきだろう。だから九世紀になると、菅原道真は「もはや学ぶべきは何もない」として遣唐使中止を建言したのである。

◉形象学からの考察

「形象学」の〝形象〟という耳慣れないタームは小学館の『デジタル大辞泉』によれば、「(1) 表に現れているかたち。姿。形態。(2) 感覚でとらえたものや心に浮かぶ観念などを具象化すること。イメージ」とある。古墳の副葬品に土偶、火焔土器、勾玉、埴輪、そして仏教伝来以後は仏像が形象にあたると田中英道『縄文文化のフォルモロジー（形象学）』（育鵬社）は言う。

縄文土器になぜ縄目の文様がつけられているのか。ほかの文明の土器は無紋であり、日本で

今城塚古墳（継体天皇陵）の埴輪たち

はほかに撚糸紋《よりいともん》、押し型紋、貝殻紋など、すなわち実用の目的を超えた装飾意思があった。精神的な意思があったのだ。
継体天皇御陵から出土した夥しい埴輪には兵隊、馬、巫女などが含まれるが、いちばん多いのが円筒である。しかも円筒の一部には二本柱の舟が描かれている。航路を開拓し貿易を自ら実践し、繁栄した継体天皇期の舟のかたちを想像させる。
古代日本は縄文時代と同じ頃に中東ではメソポタミア文明が栄えていた。

「ゴブスタンの岩窟に、大きな船の線刻画があります。（中略）船の舳先《へさき》には太陽が描かれている」。またエジプトでは「死者を彼岸《ひがん》に運ぶ象徴として解釈されています」（田中前掲書）

船を描くにしても東西では認識が異なったのである。

最近のブームは縄文土偶と火焔土器だが、じつは火焔土器は信濃川流域だけで製造されていて全国的な拡がりはない。新潟県十日町市、長岡市馬高のふたつの博物館でゆっくり鑑賞できる。岡本太郎が「土器には三次元の彫刻を越えた精神的なものが表現されている」とした。実用性を度外視しての火焔土器は、形状が火炎ではなく水煙、つまり「水紋」だと田中教授は言う。後世、レオナルド・ダヴィンチも北斎も同じ水紋を描いた。

「百済から仏像・経典が到来したとき、欽明天皇が、《西蕃《にしのとなり》の献《たてまつ》れる仏の相貌《かお》端厳《きらぎら》し、全《もっぱ》ら未だ曾《かつ》て有らず。礼《いや》まうべきや否や》と群臣に下問した」。物部氏が強く反対したが、理論的反駁は出来なかった。神道は経典がない。布教をしない。だから宗教とは言えない。田中は「仏像の端厳《たんげん》さに驚いた」のであって、それまでの縄文土偶は、むしろダウン症の表情をあらわしたり、畸形《きけい》が描かれた。埴輪の図案は単純にして写実性が希薄だった。

欽明三十一年（五七〇）に蘇我稲目が死ぬと、物部氏らは仏殿を焼き払い、百済王が献上した仏像を難波の堀江に棄てた。この行為は災禍や疫病の汚れを清める意味があった。

敏達天皇十二年（五八三）、ふたたび疫病が蔓延したため、稲目の子、蘇我馬子は「これは他国仏を喪った祟り」だと唱えた。翌年、鹿深臣《かぶかのおみ》（甲賀の始祖）が弥勒《みろく》の石像を百済から持ち帰ったのでもらい受けた。蘇我馬子は仏塔を建立した。しかし敏達天皇は破壊を命じ、物部守屋と中臣連磐余《むらじいわれ》が仏塔を切り倒し、仏殿を焼き払い、仏像を難波の堀に捨てた。それでも疫病は収まらないばかりか、敏達天皇も羅患し崩御されてしまった。逆に馬子は快癒したため、次の用明天皇から仏教を受け入れるのである。

ただし注意点がある。仏像に祈って恵みを受ける、仏陀への言葉の信仰ではなかったことである。仏教を受け入れたというのは拡大解釈になる。従来の日本人の御霊信仰が、形象に御霊を感じることによって、その形象をあがめた。かくして仏教伝来は仏像への形象崇拝で始まった。それまで古墳の埴輪　銅剣・銅鐸であった。縄文時代なら土偶、火焔土器などであり、神道の宗教的表現であった。

欽明天皇期に起きた「外交的事件」と言えば、任那回復復興会議である。

仏教伝来を西暦五五二年と解釈すると、百済の聖明王が日本の支援を得るために大切なものを献呈せよと、あたかも取引するかのように百済に要請したというのは後知恵である。

百済は新羅の軍事的脅威の前に、どうしても倭の支援を必要とした。任那は朝鮮半島南部における日本の飛び地であり、これを新羅が狙っていた。

欽明五年、高句麗が百済に侵攻した。百済はあろうことか新羅と連携し、高句麗を駆逐したが、翌年に新羅が百済を侵略し、漢城（現在のソウル）を抑えてしまった。百済は日本にすがるしかなかった。

このときに聖明王は仏像と経典を日本に贈り、さらには薬師、文学博士などを贈る。ひたすら貢ぎ物を大和朝廷に贈り続けた。

一方の新羅も日本に使いを送り、百済は再度新羅に攻め込むが、このときに聖明王が戦死、余が逃亡し、次男の恵が日本に亡命した。筑紫の国造が救援に向かった。新羅は日本の参戦をおそれて兵を引き、さらには日本へ使節を送り多くの貢ぎ物を持参した。しかし十年後に新羅は任那を攻め、日本は軍を派遣したものの失敗した。欽明天皇は崩御、敏達天皇が即位し、新羅を討って任那回復を企図した。このような文脈の中で敏達天皇は仏教を禁止したのである。

◉聖徳太子の評価は左右のぶれが激しい

聖徳太子は後世に冠せられた聖名で、初出は『懐風藻《かいふうそう》』である。それも崩御から百二十九年後のことである。

聖徳太子の本名は厩戸皇子でもない。厩戸皇子はフランクフルト学派が戦後、命名した。イエス・キリストが馬小屋で生まれたことと関連づけた作為がある。

聖徳太子は『古事記』では「上宮之厩戸豊聡耳命《かみつみやのうまやとのとよとみみのみこと》」とされ、『日本書紀』の推古天皇紀では「厩戸豊聡耳皇子命《うまやとのとよとみみのみこのみこと》」とされている。ほかに用明天皇紀では「豊耳聡聖徳」や「豊聡耳法大王」という表記がある。通称は「上宮」だった。

聖徳太子の入滅後二十年間に天皇後継最有力だった山背大兄王らが殺害され、聖徳太子の支援者だった秦河勝《はたのかわかつ》は奈良を脱出して明石へ逃げた。『日本書紀』は秦河勝の先祖は四世紀頃に百済を経由して日本へ帰化した有力氏族の長、弓月君《ゆづきのきみ》の直系子孫としている。秦河勝は聖徳太子に協力して国造りに貢献し、朝廷の財政に関わって四天王寺の建立や運営を賄った。その後、秦河勝は蘇我氏と敵対した。

聖徳太子は隋朝末期に使いを送り、その国書に「日出処の天子、書を日没する処の天子に致す。恙《つつが》なきや」と書いた。書を怪しんだ煬帝《ようだい》は帰りの船に裴世清《はいせいせい》ら十三名の使者を同行させて視察のために日本へ派遣した。

二回目の遣隋使でも使者となった小野妹子は「東の天皇、敬《つつし》みて西の皇帝に曰す」で始める国書を持参した。「天出処天子」は「東の天皇」に改まっていた。「天皇」の初出である。

当時の国際関係を振り返ると、日本の宿敵は新羅、これを討つには隋と同盟する必要があった。しかも隋と日本は対等な関係でなければならない。それが「日出処の天子」とややもすれば居丈高な文面となった。

聖徳太子は過大評価されている。その業績は蘇我氏の政治手腕に依拠し「蘇我氏の代理人」だった。しかし明治時代とは「坂の上の雲」の時代だったから、大国に対しての対等なナショナリズムを唱えたことへの賞賛だった。ところが、戦後は十七条憲法の「和を以て貴しとなす」が平和憲法の先取りだったとする評価替えが起きた。

戦国から江戸末期にかけて聖徳太子は忘れられていた。幕末の猛烈な国粋主義の嵐は平田篤《あつ》胤《たね》が代弁するように「異教を積極的に取り入れ国風を破壊した元凶」とボロくその聖徳太子評だった。聖徳太子が直面した難題はシナ大陸と朝鮮半島から吹いてくる軍事的脅威に、いかなる外交を展開して危機を乗り越えるかという外交的な安全保障の課題だった。すでに朝鮮半島には出兵を繰り返していたため、日本にはそれなりの軍事力があり、また戦争にも馴れていた。

高句麗は唐に面従腹背で、武装を整えている。高句麗は遊牧系で悍《かん》馬《ば》を駆使し凶暴な戦闘を得意とする騎馬民族が主体で、百済と新羅制圧を窺っていた。新羅も百済も高句麗の脅威を前にシナに朝貢し、守ってもらう必要があり、それぞれが腰を低くしてシナの王朝に臣従する。半世紀後に百済は滅亡したものの、その後も新羅は高句麗の脅威を低減するために唐と結ぶ必要性が継続した。新羅は日本にも御機嫌宜しくと欺瞞的な朝貢を繰り返した。

隋の煬帝は高句麗と三回戦って敗れたが、日本が南から新羅を討つことを願っていたからに他ならず、しかも実際に聖徳太子は二万五千の兵を集め弟君を将軍として、新羅出兵の準備をしていたのである。

蘇我馬子の子が蝦夷、その子が入鹿である。蘇我馬子の墓は石舞台。観光名所と化したが、深い堀がめぐらされた、大規模な古墳造成を途中の政変で中断したと推定される。石棺を安置する石室だけが剥き出しで残り、所謂「石舞台」とされたが、栄華の残滓《ざんし》である。筆者も二回足を運んで石舞台の巨石を観察した。どうやってこんな巨石をどこから運んだのか、運搬方法、組み立て方法の秘策にも興味が湧くのである。古代はピラミッドの謎と同様な先進的建築技術が炸裂したのだ。

中大兄皇子は中臣鎌足と組んで、蘇我入鹿を斬った。

その「乙巳の変」の現場にいあわせた古人大兄皇子《ふるひとのおおえのみこ》（舒明天皇の皇子）は衝撃を受けて自邸に逃げ帰った。蘇我入鹿を討った勢いを懼《おそ》れ、蘇我蝦夷は翌日に自裁し、栄華を誇った蘇我氏は滅びた。古人大兄皇子もまもなく誣《し》いられた。しかし仏教は禁止されることはなく、むしろ勢いを得た。

乙巳の変の首謀者は、中大兄皇子というより神祇界を代表した中臣鎌足である。

中大兄皇子が中臣の誘いに乗ったのは、蘇我蝦夷・入鹿は古人大兄皇子を後継とする準備をしていたから、邪魔になる中大兄皇子を暗殺目標にしていたのだ。中大兄皇子には「殺《や》られる前に殺れ」とする強烈で切迫した動機があった。

中大兄皇子は孝徳天皇崩御のあと、即位して天智天皇となる。ところが白村江の海戦で新羅、唐の連合軍に敗れ、大宰府前方に水城《みずき》を、大和へ至る二十二カ所に城を築いて防衛砦とし、近江に慌ただしく遷都した。その近江朝も大友王子（明治時代に弘文《こうぶん》天皇と諡）の軍略つたなくして壬申の乱で大海人《おおあま》皇子（後の天武天皇）に敗れ、近江は廃墟となった。

応神五代孫の継体天皇と、それ以後の古代史の波瀾万丈は歴史教科書に数行の記述しかない。この時代の研究書も稀少、とくに応神天皇の研究書は三冊ほどしかない。実態は近世の戦国時代顔負けの激動につぐ激動の時代だったのである。

◉歴史書における曲筆、改竄の発見

古代史の講演を頼まれると、「『古事記』は草花の匂う国家を描いた浪漫に満ち、『日本書紀』は菊花の香りが強い史書です」と比喩することにしている。

同じ日本語ではあっても古文は現代の日本人にとっては取っつきにくく、いかめしく、なじめない。ゆえに敬遠されがちである。あの易しいはずの『源氏物語』ですら現代語訳で読む人が多い。正宗白鳥は英訳で読んだとか。大河ドラマにいたっては現代の若者の日本語で台詞が成り立っている。ま、そうしなければ現代人は理解に苦しむだろう。

『古事記』はなまめかしくて艶っぽい箇所がいくつかあり、大概は天皇が妻妾を娶るときの迫真の描写である。恋文が行き交い、和歌が詠まれる。

たとえば仁徳天皇の皇后石之日売命《いわのひめのみこと》はたいへんに嫉妬深く、美貌の妾（天皇の配偶者には皇后、中宮、嬪、夫人などの呼び方があった。仁徳天皇の頃までは皇統後継選びに長兄という秩序は確立されてはおらず、豪放磊落《らいらく》、豪族の生活の延長のような雰囲気が残っていた）の噂を聞くとめらめらと嫉妬し、仁徳天皇に仕えた官女たちも宮殿に近寄らず可笑しげなそぶりを聞いただけで妬んだ。

仁徳天皇は、吉備に黒姫という絶世の美女ありと聞いて召し出した。案の定、黒姫は皇后のねたみに耐えかねて吉備に逃げ帰る。天皇は高台から民家の煙も見ただろうが、黒姫の船出を遠見していた。そして詠った。

沖辺には　小舟つららく　くろざやの　まさづこ吾妹　国へ下らす

皇后はこの歌をきいただけでも嫉妬に狂い、人を使わして黒姫を船から降ろし徒歩で国へ帰らせた、とある。となると、ますます黒姫への愛情を募らせた仁徳天皇は、淡路島へ視察へ行くと偽って吉備へ向かい、黒姫を追うのだ。たしかにこうした恋物語と正妻の嫉妬という視点は物語として面白いが、なぜ吉備の娘が美貌と聞いただけで召し出すのか、つまりは政略結婚ではないか。当時のまつりごとの基点である。

『古事記』の成立は西暦七一二年である。後世、「スメラミコト」は「天皇」と書写本で記された(『古事記』の原典は喪われ、現在流通している『古事記』は後世の転写である)。

天皇という漢字称号は、なんとなく律令国家の制度の匂いがただよう。そのうえ『日本書紀』となると、仁徳天皇が「聖帝」などと脚色が強くでる。『古事記』では仁徳天皇はオオサザキ、崇神はハツクニシラススミマキイリビコイニエ、神武はカムヤマトイワレビコと和諱が基軸であって漢風の諡は八世紀の作り替えだから、その描写は豪族気風が残存した時代の雰囲気を濃厚に醸し出すのである。

歴史書を単に読むだけではなく、検証には総合的な配慮が必要である。すなわち誰が編集を企図し、その時の天皇と権力状況の背景を勘案する必要がある。記紀の発企は天武天皇だったが完成したのは天武崩御のあとである。なぜそのタイミングで歴史書をだしておく必要があったのか。書き方が微妙に、或いは露骨に変化する箇所はとくに注意し、文体の変質を見逃してはならない。文章の技巧にも、行間にも文章心理で解ける秘密がさりげなく加味されている。日本語は奥ゆかしいのである。

『古事記』は素朴な物語である。成立する百年も前の推古天皇でぷつんと切れ、じつに空白が百年近い。推古天皇の在任期間と御陵の場所が記されているだけで、おどろくことに聖徳太子に関しては一行も触れていない。

筆者の推理では蘇我氏の評価が定まらず（欽明、用明から推古、聖徳太子に至るまで蘇我氏の保護を受けていたため、蘇我氏のすべてが悪政だったとは断じがたい背景がある）、また藤原不比等が編纂に干渉した形跡があるから、蘇我氏の功績はばっさりと削除された。

『古事記』を浪漫的文体で現代語に訳した作家、石川淳もこの説である。

『日本書紀』は前半はともかく、後半部となると藤原不比等の孫の藤原仲麻呂が関与した。そこで藤原の祖、中臣鎌足が中大兄皇子と組んだ乙巳の変を正当化し、蘇我氏三代をことさら悪人と書く必要があった。藤原姓を天智天皇から賜姓され中臣鎌足は藤原鎌足となった。それ以前は中臣鎌子（鎌足も後から改名したのだ）と名乗った。

鎌足の「次男」である藤原不比等が、のちに大躍進した最大の理由は、不比等自身が鎌足の子ではなく天智天皇が妊娠していた愛妃を鎌足に下げ渡し、生まれた皇子だったからだ。つまるところ、藤原不比等は天智天皇の御落胤《らくいん》である。このことは当時は誰もが知っていてもタブーだったから書かなかった。後世の『大鏡』から断定された。ちなみに鎌足の長男とされた定恵《じょうえ》も孝徳天皇の愛妃が中臣鎌足に下げ渡され、「男子であらば汝の子とせよ」と命ぜられた。孝徳天皇の世継ぎであるから暗殺を恐れ、まだ西も東も分からない十一歳のときに遣唐使に加えられて、シナに送られた。十一年後に帰国したが、すぐに皇統後継争いに巻き込まれて暗殺された。藤原仲麻呂が関与した『藤氏家伝《とうしかでん》』では異様なほどの長い文章が綴られている（もし仲麻呂が暗殺を謀ったとすれば称賛は欺瞞の最たるものである）。

藤原氏の天下は爾来千年にわたり、摂関政治から五摂家と続き、近衛文麿《ふみまろ》、細川首相へと現代も濃厚に影響がある。

『日本書紀』は大和朝廷史観だから応神天皇、継体天皇の正統性を前面に出し、そのために清寧天皇と武烈天皇を悪く書いた。

悪政が行われたゆえに善政が望まれたのだから天命の如くに応神天皇が即位し、また継体天皇が即位したと徹底的な正統理論を組み立てている。

くわえて、応神天皇の後継となった仁徳天皇が高徳な慈愛に満ちた天皇と喧伝され、過大な評価に繋がるのである。仁徳天皇は性豪であり、政治は凡庸でしかなく（免税など歴代天皇が繰り返してきた）、大仙古墳はおそらく仁徳天皇陵ではないだろう。

ついでに言うと、『続日本紀』で異例の高評価は桓武天皇である。たしかに桓武天皇は長岡京から平安京へ遷都し、それなりの政治実績はあるが、母親が高野新笠《たかののにいがさ》という得体の知れない帰化人の末裔である系図を意図的に軽視する書き方をしている。そればかりか父親の光仁天皇は桓武を後継とする意思はなかった。にもかかわらず、藤原永手《ながて》、藤原百川《ふじわらのももかわ》らが井上皇后と他戸親王《おさべ》という光仁天皇の正統な血脈へのバトンタッチを陰謀で潰し（呪詛したなどと因縁をつけ葬った）、とくに藤原百川は桓武天皇に娘を入内させていた。『続日本紀』のこのあたりの編纂には桓武天皇自らが加わっている。

古代の歴史は文献が少ないため不明な点が多く真実は霧のなか。神社に伝わる稗史や木簡などが貴重な資料となる。古墳の副葬品などから時代の特色、年代の測定も可能となって古代史は考古学の発展とともに研究が深まったのは戦後のことである。

◉インテリジェンスを忘れてしまった日本

中国の歴史改竄は〝素晴らしい〟と言っていいほどに見事なフェイクである。

中国共産党だけの専売特許ではない。孫文、蒋介石の国民党も嘘八百をずらりと並べたし、宋美齢《そうびれい》は米国キリスト教会ネットワークを利用して、出鱈目《でたらめ》な日本悪魔論を歩いて語った。軍の力はなくても政治宣伝には長《た》けているのだ。そもそも司馬遷の『史記』からして白髪三千丈、『三国志』は史実が妖しい。歴代王朝が綴る「正史」は曲筆と嘘、つまるところ一方的な政治宣伝である。『古事記』のようなロマンの薫りはない。草花の匂いがしない。かわりに中国の史書には血の匂いが染みついている。

近現代史をみても日清戦争を中国では甲午戦争と表現して、誰と戦争をしたかは曖昧にし、そのうえ敗北は認めない（これは筆者も山東省劉公島の「中国甲午戦争博物館」で確かめたことだ）。戦線から遠くへ逃避し、延安の洞窟で逃亡生活とハーレムと壮絶なリンチに明け暮れた、血なまぐさい凄惨な闇が或る日、唐突に毛沢東の『大長征』となって壮大な革命史にすり替えられた。

国民党が日本軍に追われ、逃げる途中で花園ダムを爆破破壊した。その洪水で数十万人が溺死した不祥事を「日本軍がやった」といいふらした。あまりに不潔な疫病の蔓延を防止するための731部隊が生体実験をしたなどと嘘宣伝ばかりだ。ありもしなかった南京事件を「南京大虐殺」だったと戦後しばらくしてからでっち上げた。数万の犠牲を出した天安門事件は「なかった」ことになった。

ところが中国がいうのだから正しいのだ、中国に謝罪するべきだ、友人なのだと、頓珍漢は友好を唱える日本人の似非《えせ》インテリや政治家、外務官僚、財界人が多い。洗脳されてしまったのである。中国人からみれば馬鹿の骨頂といえる。

日本人の中国理解は日本人に役立つかもしれないが。中国の本質を理解する妨げになっていると楊海英・静岡大学教授はその著『中国を見破る』（PHP新書）でずばり指摘する。

「中国五千年」も「中華民族」も嘘であって、そのうえ「漢族」とかのタームが誕生したのは二十世紀になってからのこと、日本には万世一系の「通史」があるが、中国には「『大日本史』『日本外史』のような通史が存在しない。秦の時代から、王朝が入れ替わると、新しい王朝が滅びた王朝の歴史をまとめてきた。司馬遷の『史記』にはじまり、王朝ごとの歴史はあっても、複数の王朝をまたがる歴史（通史）を記述する発想がなかった」

孫文が思いつき、共産党が言い出した「中華民族」なるシロモノにしても、「漢文化への同化論はそもそも歴史的に存在しない」。だからこそ「歴史を書き換えることで、現在の中国の政治家や知識人は、異民族を同化させることにおいて、自らを正当化できるのである」。これが中国共産党の「少数民族弾圧の根底になる」（中略）「権力を握るのは皇帝のみであり、神や仏ではない。その皇帝が自分の都合にあった思想しか許さず、とりわけ外来の宗教を弾圧する」（楊海英前掲書）。

それが個人崇拝、権力者崇拝の土壌である。

中国の本当の知識人にとっては万世一系の日本には落ち着きがあって、羨ましくて仕方がないというのが本音だろう。

ことほど左様に現代日本人は戦略的思考を閑却し、政治宣伝という認識に欠けるからインテリジェンスに対する理解が低い。政治宣伝は戦争における有効な武器なのである。

米国の対中政策が地殻変動のごとく激変しているのに「日中友好」の絵空事を呪文のように

唱え、中国から呼びかけがあれば、いそいそと出かけて日本を貶《おとし》める政治宣伝を唱和する著名人がいる。本来存在するべきでない日本人政治家がいる。この様では日本は周回遅れの対応しか示せない。大人を前にした幼子のようである。中国より激しく日本を貶めることが趣味の某新聞と某テレビ局が国内でオクターブを上げる。内部の敵こそは本物の脅威である。

米国は一九七一年のニクソン訪中以来、「中国が経済的に豊かになれば民主化するだろう」と楽天的幻想に酔ってきた。中国に大甘な政策を採り続けた。気がつけば、軍事力で米国を猛追し、月の裏側に米国より早く到達した。中国の一部突出した宇宙航空技術が米国を凌駕し愕然となる。チャイナウォッチャーのひとりマイケル・ピルズベリーは「われわれは五十年間、欺かれていたのだ」と懺悔《ざんげ》した。

米国は政権交代があっても中国へのハイテク封じ込め政策を継続する。NY株式市場で中国企業の資金集めを事実上不可能に追い込み、ハイテク企業には中国人従業員、エンジニアの監視を強化し、ともかく中国の暴走を食い止めることに躍起だが、時すでに遅しの観がある。

日本企業は現在の中国への投資や生産そのものを抜本的に見直さざるを得ない状況に追い込まれている。にもかかわらず政・官・財界の親中姿勢は変わらない。日本には状況の激変に対応する心構えと準備ができていない。保護国＝米国の衰退と分裂、その加速度的な進行に対応出来る態勢構築《こうちく》の布石《ふせき》どころか、そうしたシナリオの発想さえない。

似ていないか。古代の日本の外交は、この友好、反感、断絶の繰り返しだったことと。米国民のパンダ熱は急速に冷め、中国のスパイ網の摘発や留学生へのビザ制限、孔子学院閉鎖などが続いた。日本でも尖閣諸島の帰属をめぐる中国海警の侵犯行為を目の前に反中感情が強まった。

「日中友好議員連盟は工作機関だ」と米情報機関が認定している。歴史を紐解くと日本の対中姿勢は熱狂と冷却の繰り返しだったことに改めて気がつく。

日清戦争直後から夥しい中国人が日本に留学にきた。魯迅も蒋介石も周恩来も。当時、日本の政治家、運動家などは孫文を熱烈に支援した。頭山満《とうやまみつる》、宮崎滔天《とうてん》らは熱狂的だった。内田良平は途中で孫文の偽善を見抜いて支援運動から離れた。案の定、孫文はソ連の巧妙な謀略にひっかかり日本を裏切ってソ連についた。

戦後も日本は中国に惜しみない援助を与えてきた。新聞とTVは日中友好が大切と獅子吼《しく》し外務省には媚中派のチャイナスクールが復活した。

中国との関係はそもそもが未知との遭遇だった。人づての伝聞をもとに三世紀後半、『魏志倭人伝』が書かれた。しかし「倭」は侏儒《しゅじゅ》（小人）を意味し、邪馬台国と卑弥呼に侮蔑的な漢字を当てている。たしかに漢字も文献も政治システムの智慧も中国からもたらされたが「大化の改新」とは仏教擁護者の蘇我一族を討った政変であり、十七条憲法と大宝律令は日本的に十分に咀嚼した後の定着である。

白村江は「古代のノモンハン」と比喩できる。局地戦では負けたが、全体では五分五分だった。日本は防衛に力点を移し、近江に遷都した。百済からは二千名を超える王族、知識人や職人が日本に亡命した。敵対した新羅の背後に唐があった。「壬申の乱」は皇位継承の争いだけではない。近江朝に巣くった親中派の排斥という政略が基軸にある。大友王子（明治になって弘文天皇を追号）の側近は親中派だらけ、しかも大友王子の母は渡来人だった。菅原道真は中国から学ぶもの少なく、遣日使は日本への亡命者ばかりだと認識していた。シナ風を絶ち、国風を確立することこそ遣唐使廃止の目的だった。

かくして熱狂のあとには冷却がくる。日本は早急に目を覚まさなければならない。

◉日本語の不思議

これまで日本語文献で不明な部分をシナの歴史書を金科玉条のごとく崇めて、逆に歴史を歪《ゆが》めてきた。『魏志倭人伝』は伝聞の伝聞であり聞き違えが多く、まともに扱うほどの価値はない。

戦後の歴史学がシナ製造の改竄《かいざん》史をありがたがるのはどうかしている。「魏志」では、海を越えて伊都国（現在の福岡市の西）までは使節が来ているが、ほかは伝聞の寄せ集めだ。外国文献で日本史を裁断するのは歴史学者として自殺行為である。

歴史学者と歴史家とはどう違うか？　明確な規定はないが。ドイツではランケ以後を『歴史学』と言うらしい。

筆者から言えば歴史家とは北畠親房、山鹿素行、本居宣長、頼山陽、近代では徳富蘇峰、三宅雪嶺《せつれい》、山路愛山、小泉三申《さんしん》らであり、歴史学者との違いは言葉の選び方、直観力と想像力、その基底にあるのは浪漫、民族の精神に重点を置いていることである。

現代の歴史学者の著作で心躍り精神が揺さぶられる書物に行き当たったことはありますか。ところが学者でもないけれど文藝評論家、作家が書いた歴史物、たとえば保田輿重郎《よじゅうろう》、小林秀雄、蓮田善明、林房雄、三島由紀夫、村松剛《たけし》の作品には精神への強い刺激がある。日本語の強さがある。

『後漢書』の「倭」の項目の冒頭にある次の文章が象徴的である。

「倭は韓の東南大海の中にあり、山島に依りて居を為り、凡そ百余国あり」。すなわち地域ごとに王がいたことの傍証である。

『隋書』にも倭人伝がある。ヤマトの宮殿は宮室、楼観、条冊があって兵を配備しているうえ法治が厳格であると、正確な描写もあるが、「倭王の姓は阿毎《あめ》、字は多利思比狐《たりしひこ》、号して阿輩《あほ》け弥《わたる》というもの」（講談社学術文庫）とし、天皇の名前がアメ・タリシヒコだと書いている。

当時の天皇は推古だから「ヒコ（彦）」は男子名ゆえに矛盾している。念のためタリシヒコを歴代天皇にあたると第六代孝安天皇の幼名がそれに近い。『古事記』では孝安天皇は大倭帯《おおやまとたら》日子国押人命《しひこくにおしひとのみこと》、『日本書紀』では日本足彦国押人天皇《やまとたらしひこくにおしひとのすめらみこと》である。「ラ」と「リ」が違うだけで、誰かが隋の右筆に天皇の名前を問われ、頭のなかに孝安天皇の和号が浮かんだのだろう。これまた伝聞でしかなく、総じてシナの歴史書は信憑性が薄いのである。

漢字が輸入され日本語を文字で充て、そのうちに平がなと片仮名の発明があって文献による叙述が膨らむ。平安時代から女流作家も登場し、藤原道長も定家も紫式部も日記を書いた。歴史と風景が手に取るように分かる時代となった。

源平から足利時代という近世になると文献や有力者の日記、寺の倉庫などから「新発見」される文書、そして手紙類など多彩な文書の解読によってかなりの真相に迫ることができる。『信《しん》長公記《ちょうこうき》』も潤色が多いが、秀吉の法螺《ほら》話『太閤記』ともなると、どれが嘘であり、どれが大風呂敷かを他の文献などを照合して真実に近づくことができる。

というわけで応神天皇と継体天皇の時代の真実は遠く、文書のほかに古い神社に伝わる稗史と古墳の副葬品などから類推する。

言葉の意味の時代的変化も重要な鍵となる。言葉の意味が時代によって変化しているのだ。

日本人は平均して一時間に一回の割合で「感謝の気持ち」を「ありがとう」と表現している。ところが国語本来の意味は「ありえない」、つまり「世の中にありえない」という意味である。「ありがとう」を漢字で書くと「有り難う」、なるほど「ありえない」という意味だ。いつから「ありえない」ことが「感謝の言葉」となったのか？

『源氏物語』の主人公である光源氏は一度も「ありがとう」を言っていない。ということは平安時代は別の表現だったのだ。

英語のＴＨＡＮＫ　ＹＯＵは語源的にＴＨＩＮＫと同じで、「あなたのことを思っている」という意味だから日本語とニュアンスが違う。『源氏物語』に頻用される「ありがたし」は感謝のニュアンスよりネガティブな表現で用いられている。「めったにないほど優れている」「またとなく尊い、おそれ多い」という形容で使われているのだ。そして『古事記』『風土記』『日本書紀』『続日本紀』に「有り難う」はまったく登場しない。

『万葉集』のなかで「ありがたし」の登場は大伴家持の長歌一カ所のみ、それは「すぐれたもの」という意味で「ありえない」感嘆を形容している。

中国語で謝意を表すのは「謝々《シェシェ》」、「たいへんありがとう」は「多謝《トウシェ》」である。つまり日本語的な感謝ではなく相手の苦労に謝しているのである。

「ありがとう」の日本語としての普遍化は明治時代の後半からであったと尾崎克之『「ありがとう」という品性』（啓文社書房）が調べ上げた。尋常小学校の国語教科書が嚆矢《こうし》で、当時の『言海』にも「ありがとう」は収録されていない。改訂版『大言海』、つまり昭和三年版から「ありがとう」が挿入された。

それまで感謝を表す語彙《ごい》はなんであったかと言えば「かたじけない」だった。

切支丹バテレンの宣教師たちが日本にやってきて、西国大名と織田信長の保護を受けた時代に彼らは日本の精密な情報を集めた。日本の秘密を知るには日本語をマスターする必要があり、ロドリゲスは西暦一六〇三年に『日本ポルトガル語辞典』（日葡辞典）を刊行した。そのなかにＡＲＩＧＡＴＡＩ（ありがたい）という項目があって「神聖なこと、感謝すべきこと、勝っていること」の意味だとしている。ただし刀鍛冶の感動語だったらしく、解説がない。当時も感謝をしめす主流は「かたじけない」であった。「有り難う」は近世、近代どころか現代で普遍化したことが分かる。

次に問題となるのは「もののあはれ」である。もちろん、中国語では表現できない、おくゆかしい語彙だが、最初に用いたのは紀貫之で本居宣長ではない。意味も異なった。

「もののあはれ」の日本文学における初出は紀貫之の『土佐日記』で、「舵取り、もののあはれもしらで……」だという。解釈は「趣きもわからないで」と訳されているが、「和歌を応酬する技術や習慣がないために」、「雅《みやび》ではない人間という意味になる」と尾崎前掲書が指摘している。空気が読めないということだろう。

宣長の専売特許かと思われてきた「もののあはれ」は、「もの」(存在)のあはれ(あれこれ)というニュアンスであり、『源氏物語』を講じていたおり宣長は『紫文要領』のなかで、次のように書いた。

「世の中に有りとしあることの様々を見るにつけ耳にきくにつけ、身にふるうにつけで、其よろすの事を心にあぢはへて、そのよろつの事の心をわが心にわきまへしる、其事の心を知る也、物の心をしる也、ものの哀れをしる也」

もののあはれとは「世の中、こういうことだ」「世の中のありかた」だと哲学的解釈に飛躍したのが現代である。

エピローグ　歴史の本質を見る眼

◉和歌に隠された真実

『万葉集』の十三巻３２４７は次の歌である。

「沼名河之 底奈流玉 求而 得之玉可毛 拾而

得之玉可毛 安多良思吉 君之 老落惜毛」
（ぬな河のそこなる玉　求めて得し玉かも
　拾ひて得し玉かも　新しき君が
　　老ゆらく惜しも）

「古志の女王」、ヌナカワヒメ（奴奈河媛）を『古事記』は「賢し女」「麗し女」と書いている。しかしこの高貴なる女王ヌナカワヒメとは誰だったのか？

いったいどういう運命を辿り、「幻の王朝」といえる古志国はいつ頃まで存在したのか？本文で縷々《るる》みてきたように応神天皇は古志の玄関敦賀で禊ぎを受け、地元の神と名前を交換した。継体天皇は「古志の大王」からヤマト王権に招かれ、明日香ではなく北摂の樟葉宮で即位した。若狭、越前、加賀、能登、越中、越後が古志の版図だった。

戦後の歴史学が応神天皇と継体天皇を論じる際に、越前のことは触れても古志国の存在そのものの考察が殆どされてこなかった。これは盲点である。

七世紀になって、大和朝廷が現在の新潟市東区あたりに蝦夷退治のための防御柵を設けている。それが次第に村上（磐船）から都岐沙柵《つきさら》（山形県との県境）、酒田（城輪柵《きのわ》）、大仙（大曲）の払田柵《ほった》、そして秋田柵へと「北上」し続けた。四～五世紀の応神朝から六世紀前半の継体天皇時代、東北はヤマト王権にとってほぼ未知の世界だった。

湯沢の雄勝柵、横手の金沢柵、盛岡の厨川《くりやがわ》柵、仙台の多賀城などは坂上田村麻呂の蝦夷征伐の時代であり古志国の歴史の外である。

新潟以北は蝦夷征圧の拠点だった。これらの柵（城塞《じょうさい》）が造成された頃、古志は大和朝廷と同盟していた。蝦夷平定の主力部隊は古志国の人々だった。六世紀頃までに古志は大和王朝に包摂された。言葉を換えて言えば、それ以前の古志国は「葬られた王朝」になった。

出雲国は「葬られた王朝」として存分に書かれた。『出雲国風土記』が厳然と残り、雲に聳えるような出雲大社が存在し、『古事記』がスサノオとオオクニヌシノミコトを特記しているから実在は鮮明である。しかし古志国に残るのはヤマト王権に匹敵する前方後円墳と翡翠など副葬品の出土はあっても、文献資料がひとつもない。

北九州に実在した「筑紫王朝」も第二十六代継体天皇時代に大がかりな「磐井の乱」の鎮圧で詳細が浮かびあがった。

古志国は日本海の海運が発達した恩恵で、縄文時代から弥生時代にかけて高度な文明先進地域だった。日本海沿岸のほうが水上交通が発展したのは海の干満の差である。砂嘴《さし》、沙州《さす》は潮の緩慢さが低く、波浪が強い海岸に形成され、特有の潟を形成する。石川県の河北潟、島根県の宍道湖、新潟市は「潟」が平野になったからだ。古志国は糸魚川の翡翠など海運による交易で栄え、海流の関係で出雲文化圏との交流が活発だった。「三種の神器」のひとつ、勾玉は古志の翡翠、三内丸山遺跡からも糸魚川の翡翠が出土した。数千年前から日本海沿岸には文明が確立されていた。

『古事記』にでてくる「高志」は古志、『日本書紀』では「越」の表記が多い。名酒は「越乃寒梅」。日本一美味とされる米は「コシヒカリ」。福井市に「古志中学・高校」が残り、富山の名物は「紅高志蟹」、文学館は「高志国の文学館」だ。

遣隋使、遣唐使時代の後期に百済、新羅を越えた渤海国から外交使節がやってきたのも日本海沿岸である。大和朝廷の返礼使節「遣渤海使《けんぼっかいし》」がさかんに日本海を往復した。その前には高句麗からの使節がやはり日本海沿岸のどこかに着岸した。渤海国は現在の北朝鮮北東部（高句麗）から中国遼寧省、吉林省の一部とロシアの沿海州を統治していた。日本海を南下し、古志か丹波、出雲の海岸に直航できた。記紀に登場する古志は第十代崇神天皇の北陸路を含む四将軍の派遣では「北陸道」と書かれ、『常陸国風土記』はヤマトタケルが東征の帰路、部下を古志（北陸道）の偵察に出したという記録がある。また継体天皇以後のことになるが、『日本書紀』では崇峻天皇二年（五八九）、阿倍臣（『常陸国風土記』では武渟川別《たけぬなかわけ》）が古志視察に派遣されたとある。

「(崇峻) 二年の秋七月の壬辰の朔日に、近江臣満を東山道の使に遣わして、蝦夷の国の境を観しむ。宍人臣雁を東海道に使して、東の方の海に浜へる諸国の境を観しむ。阿倍臣を北陸道の使に遣して、越（古志）等の諸国を観しむ」（岩波文庫版『日本書紀』第四巻、76p）

阿倍臣は阿倍比羅夫《ひらふ》の先代と考えられ、以後、古志から東北にかけ強力な地盤を築いて蝦夷、粛慎《みしはせ》の退治に向かった。粛慎はツングース系の漂着民。阿倍比羅夫は白村江の海戦でも後衛船団を率いて戦い、百済の王族、知識人、匠、職工ら二千人を連れ帰った。

この古志国がいつの間にか歴史から消えてしまった。主な原因は『古志国風土記』がないからである。『出雲国風土記』『播磨国風土記』『常陸国風土記』はかなりの部分が残り、また逸文としても『備後国風土記』『肥前国風土記』が残るので断片的ながら往時の当該地の歴史が把握できる。

おそらく『古志国風土記』は葬られた。大和朝廷にとっては不都合な真実が書かれていたからだろう。或いは、西暦六世紀後半には継体天皇の後継の政権が成立していたわけだから編纂の必要がなかったとも言える。

しかし、本書の主人公である応神と継体のふたりのミステリアスな天皇は古志国と濃厚な絆を保持していたのである。

◉日本史における「西側」

古代から日本は所謂〝西側〟(古代における西側とはシナのこと)の価値基準に振り回されてきた。古くは卑弥呼の邪馬台国が魏へ使者を派遣し、金印を授かったとあり、「倭の五王」なる記述が『宋書』に書かれ、朝貢に来たことにされた。西側の影響力は甚大だった。応神天皇の頃に早くも『論語』が輸入され、文章博士《もんじょうはかせ》や暦が輸入された。なんといっても馬の輸入は流通や戦闘方法を変革したという意味で、革命的であった。継体天皇はことのほか朝鮮半島との交易に熱心だった。

海外の影響に左右された時代が終わると、日本ではかならず国風への回帰がおこった。江戸時代は鎖国していたため邪教も疫病も排斥できた上、文化が純粋に培養される。儒教は濾過され、そのなかの朱子学は統治に都合のよいように日本風に咀嚼された。巷間では儒教的モラルが庶民を支配していた訳ではない。江戸時代は日本文化が興隆し茶道、能、歌舞伎、絵画、俳句などの芸術でもみごとな花が開いた。

和歌と古典を掘り起こし、日本の精神的古層を検証したのが契沖《けいちゅう》、賀茂真淵、本居宣長らだった。

江戸時代中期、「西側」（シナ）と訣別する国学が影響力を持ち多くの儒学者、とくに陽明学者が輩出した。

本居宣長は『源氏物語』に「もののあはれ」を見出し、ついで生涯をかけて『古事記』の解明に挑んだ。ふるごとをありのままに読むという基本姿勢を読書人に提示した。近年、この宣長を再評価したのは小林秀雄だった。

先崎彰容『本居宣長「もののあはれ」と「日本」の発見』（新潮選書）は「もののあはれ」の宣長の肯綮《こうけい》を鷲づかみにして次のように言う。

「倫理学であり日本語学なのである。『日本』成立以前の奥深く、太古の息遣いさえ聴こえてくるような時代の人びとの佇まい、彼らの鼓動こそ『もののあはれ』である」

紀貫之は『古今和歌集』を編んで、西側（当時の西側は隋唐宋）からの文学的独立を志向した。

『古今和歌集』の序文は言う。

「心に思うことを、見るもの、聴くものに仮託して表現する」

「日本」という国号は孝徳天皇期から使われていたにも拘わらず、その数十年後に成立した

『古事記』で「日本」は使われてはおらず、大和は「夜麻登《やまと》」の漢字を当てている。

現代日本人の感覚で〝西側〟という概念は先進的な外国、とくに欧米列強を意味する。幕末の攘夷論は文明開化とともに雲散霧消し、鹿鳴館時代へと突進した。その頃の日本は西洋化が進歩的であって歴史の宿命だという強迫観念があった。国風の回復は明治後期から静かに始まっていたが、キリスト教の猛威は不変だった。昭和十二年に支那事件が勃発し、翌年、芥川龍之介の友人でもあった萩原朔太郎がこういう文章を綴っている。


「西洋は僕等にとつての故郷であつた。昔浦島の子がその魂の故郷を求めようとして、海の向こうに龍宮をイメーヂしたやうに、僕等もまた海の向うに、西洋といふ蜃気楼をイメーヂした。だがその蜃気楼は、今日もはや僕等の幻想から消えてしまつた」（萩原朔太郎『日本への回帰』）

幕末のベストセラーのひとつは会沢正志斎《せいしさい》『新論』である。

『新論』の原書に並んだ語彙は難しい。読めない漢字が夥しく衒学《げんがく》的だ。幕末に漢学の素養が深い知識人でも、『新論』を完全に読みこなした人は少なかったのではないか。しかし幕末、全国の志士が熱中して読んだ。

当時はコピー機があるわけではなく次々と筆写され回され、また書写され、隠れたベストセラーとなった。なにしろ三条実万《さねつむ》を通じて孝明天皇も熟読され、頑迷とも言える攘夷論の基盤となった。

正志斎は光圀《みつくに》公が開始した大事業『大日本史』編集に参画し、徳川斉昭の侍講を務め、あまつさえ少年期の徳川慶喜に教えた。彰考館総裁、初代弘道館総教でもあった。水戸学で藤田東《とう》湖《こ》と双璧、つまり時代を代表する知識人だった。

この『新論』の成立は文政八年（一八二五）であり、安政の大獄は安政五年（一八五八）だから『新論』の成立から三十年以上あとである。『新論』を読んで感激した吉田松陰は、会沢に直に教えを請うために水戸へ「短期遊学」を決意した。夜、会沢の私邸へ七回、通った。孫ほど違う若い松陰にも正志斎は親切でときに酒を酌み交わしたという。

水戸学は水戸光圀を源流とする。藤田幽谷・東湖親子と並んだ会沢正志斎だが、激動の時代には老齢で、維新回天のおりは表舞台に出る機会はなかった。かわりに天狗党などの凄惨な内ゲバにも巻き込まれなかった。

◉水戸学の爆発力

さはさりながら、いったい、『新論』に書かれた何が幕末の志士たちを強力な磁石のように引きつけ、熱中させたのか。

『新論』はこう書き出している。

「神州は太陽の出ずる所、元気始まる所にして、天日之嗣《てんじつのし》、世宸極《よよしんきょく》を御し、終古易《かわ》らず。固より大地の元首にして、万国の綱紀なり。誠によろしく宇内に照臨し、皇化の曁《およ》ぶ所、遠邇《えんじ》あることなかるべし」

この箇所を関口直佑・全訳註『新論』（講談社学術文庫）から抜き出すと、「日本は太陽に育まれた土地であり、万物を生かす元気の始まる国でございます。天照大神の子孫である天皇陛下が、皇位を継承してこられたことは不変であり、他国には一切存在しない国柄です。それゆえに世界の頭首となり、万国の模範となるべき国でなければならないのです」

天皇制の考察を現代語訳からもうすこし拾う。

「神話の時代に天と地が分かれ、人々が生活するようになってから、天照大神の子孫である天皇陛下が天下に君臨され、一つの血筋を守り、誰一人としてその地位を汚すことなく今日までつづいてきたことは、決して偶然ではないのです」

天皇祭祀に関して『新論』は次を述べる。

「古代においては、国造《くにのみやつこ》や伴造《とものみやつこ》が祖先からの役目を代々受け継いで、祭祀を絶やしませんでした。奈良、平安時代になると、天皇の一族やその臣下たちが、一族を率いて位階を保ち、官職についてきました。鎌倉、室町時代になると武士や武将も一族の長である総領を重んじて、一族を統轄したのです。このように各自が、血統というものを何よりも重んじてきたのですから、それらの根本となる皇室の血統を愛敬しない者などいないのです（中略）。例えば上皇や天皇が、遠くに流されてしまうこともありましたが、誰一人として三種の神器を奪おうとする者はおりませんでした」

「三種の神器」を奪う云々、つまり天皇の位を暴力で奪う試みは日本ではなかったということである。応神も継体も、血脈を重視し万世一系の血筋を尊重するため入婿のかたちを取った。会沢正志斎は、応神天皇期に伝わった儒学の『論語』に関して、隣の国の書であっても風土や気候は日本と似ており、天命や人心を基本に忠孝の道を説き、帝王につかえて祖先を祀る教えは天照大神が残された教えとだいたい同じだとして尊重し、次に、邪教の伝来を危険視している。

「我が国の正統から外れた、異端や邪説が次々と現れてしまいました。自分に神仏を乗り移らせて語ろうとする巫覡《ふげき》の流派、仏教、見識の狭い学者や人気取りの学者、西の果てのキリスト教、そのほか正統な神道の教えをねじ曲げて、社会を混乱させるものは数えればきりがありません。本来、皇室の祖先が祭祀の制度を重んじて整えたのは、天下の人々と共に、天に仕えて祖先を祭るためであって、その心が正しく世の中に広まったならば、あれこれと議論が起こることはないのです。(中略)仏教が日本に入った時、朝廷の意見は、日本には古来の祭りの儀式があり、外国の神を崇拝する必要はない、というものでした。しかし、朝廷に背いた逆臣である蘇我馬子は密かに仏教を崇拝して、聖徳太子らと一緒に寺院を作りました。このため僧侶の数は日々多くなり、争って仏教の教えを宣伝したので、民の志はばらばらになってしまいました」

神州思想、外来宗教の排撃など同時代人の平田篤胤の源流とも言える思想が『新論』では開陳されている。

しかし現代は幕末維新の頃の「民の志はばらばら」状況よりもっと悪化した。「天皇制」というのは転覆可能な制度という文脈においてはマルクス主義用語であり、保守主義を前提とすれば「天皇伝統」と言うべきだが、万世一系がシステムである以上「天皇制」が文化伝統であると三島由紀夫が『文化防衛論』で述べたように、後者の文脈で考えるべきだろう。

天皇の称号を使い出したのは七世紀冒頭、国号を「日本」としたのは七世紀中朝、孝徳天皇の時代からである。

応神天皇はホムダワケノスメラミコト、継体天皇はオホドノスメラミコト。継体という意味は国体を継承する文脈から考えると適切だが、この時代の天皇は、地域の王であり、第二十一代の雄略天皇から「大王」の称号が就いた。

日本がふたたび天皇の下で民の志が唱和し、強い民族的団結が生まれるか、どうか。

こう考えると継体天皇期の日本は豊かで平穏で民は栄えていたのである。

『日本書紀』の次の記述は継体天皇の述懐で、これをもって跋に代える。

「朕《われ》天緒《あまつひつぎ》を承《う》けて、宗廟《くにいえ》を保つことを獲て、兢兢業業《おそりあやぶむ》。間者《このごろ》、天下《あめのした》安《やすらか》に静《しづか》に、海内《くに》清《す》み平《たいらか》に、屡《しばしば》年《とし》豊《う》ることを致して、頻《しきり》に国を饒《と》ましむ、懿《よ》きかな（中略）。日本国邕邕《やはら》ぎて、名天下に擅《ほしきまま》なり。秋津《あきづしま》は赫赫《さかり》にして、誉《ほまれ》王畿《うちつくに》に重し。宝とする所は惟《これ》賢《さかしきひと》善《よきわざ》するを最も楽しぶ」（岩波文庫版第三巻、１８２p）

巻末資料

ＧＨＱの神道指令は日本の主権侵害

神道指令とは「国家神道、神社神道ニ対スル政府ノ保証、支援、保全、監督並ニ弘布ノ廃止ニ関スル件（昭和二十年十二月十五日連合国軍最高司令官総司令部参謀副官発第三号（民間情報教育部）終戦連絡中央事務局経由日本政府ニ対スル覚書）のことで全文を以下に引用する。

＊

一、国家指定ノ宗教乃至祭式ニ対スル信仰或ハ信仰告白ノ（直接的或ハ間接的）強制ヨリ日本国民ヲ解放スル為ニ戦争犯罪、敗北、苦悩、困窮及ビ現在ノ悲惨ナル状態ヲ招来セル「イデオロギー」ニ対スル強制的財政援助ヨリ生ズル日本国民ノ経済的負担ヲ取り除ク為ニ神道ノ教理並ニ信仰ヲ歪曲シテ日本国民ヲ欺キ侵略戦争へ誘導スルタメニ意図サレタ軍国主義的並ニ過激ナル国家主義的宣伝ニ利用スルガ如キコトノ再ビ起ルコトヲ妨止スル為ニ再教育ニ依ッテ国民生活ヲ更新シ永久ノ平和及民主主義ノ理想ニ基礎ヲ置ク新日本建設ヲ実現セシムル計画ニ対シテ日本国民ヲ援助スル為ニ茲ニ左ノ指令ヲ発ス

（イ）日本政府、都道府県庁、市町村或ハ官公吏、属官、雇員等ニシテ公的資格ニ於テ神道ノ保証、支援、保全、監督並ニ弘布ヲナスコトヲ禁止スル而シテカカル行為ノ即刻ノ停止ヲ命ズル

（ロ）神道及神社ニ対スル公ノ財源ヨリノアラユル財政的援助並ニアラユル公的要素ノ導入ハ之ヲ禁止スル而

シテカカル行為ノ即刻ノ停止ヲ命ズル

（一）公地或ハ公園ニ設置セラレタル神社ニ対シテ公ノ財源ヨリノ如何ナル種類ノ財政的援助モ許サレズ但シコノ禁止命令ハカカル神社ノ設置セラレ居ル地域ニ対シテ日本政府、都道府県庁、市町村ガ援助ヲ継続スルコトヲ妨ゲルモノト解釈セラルベキデハナイ

（二）従来部分的ニ或ハ全面的ニ公ノ財源ニヨツテ維持セラレテキタアラユル神道ノ神社ヲ個人トシテ財政的ニ援助スルコトハ許サレル但シカカル個人的援助ハ全ク自発的ナルコトヲ条件トシ絶対ニ強制的或ハ不本意ノ寄附ヨリナル援助デアツテハナラナイ

（ハ）神道ノ教義、慣例、祭式、儀式或ハ礼式ニ於テ軍国主義的乃至過激ナル国家主義的「イデオロギー」ノ如何ナル宣伝、弘布モ之ヲ禁止スル而シテカカル行為ノ即刻ノ停止ヲ命ズル神道ニ限ラズ他ノ如何ナル宗教、信仰、宗派、信条或ハ哲学ニ於テモ叙上ノ「イデオロギー」ノ宣伝、弘布ハ勿論之ヲ禁止シカカル行為ノ却刻ノ停止ヲ命ズル

（ニ）伊勢ノ大廟ニ関シテノ宗教的式典ノ指令並ニ官国幣社ソノ他ノ神社ニ関シテノ宗教的式典ノ指令ハ之ヲ撤廃スルコト

（ホ）内務省ノ神祇院ハ之ヲ廃止スルコト而シテ政府ノ他ノ如何ナル機関モ或ハ租税ニ依ツテ維持セラレル如何ナル機関モ神祇院ノ現在ノ機能、任務、行政的責務ヲ代行スルコトハ許サレナイ

（ヘ）アラユル公ノ教育機関ニシテソノ主要ナル機能ガ神道ノ調査研究及ビ弘布ニアルカ或ハ神官ノ養成ニア

ルモノハ之ヲ廃止シソノ物的所有物ハ他ニ転用スルコト而シテ政府ノ如何ナル機関モ或ハ租税ニ依ッテ維持セラルル如何ナル機関モカカル教育機関ノ現在ノ機能又ハ任務ノ行政的責務ヲ代行スルコトハ許サレナイ

（ト）神道ノ調査研究並ニ弘布ヲ目的トスル或ハ神官養成ヲ目的トスル私立ノ教育機関ハ之ヲ認メル但シ政府ト特殊ノ関係ナキ他ノ私立教育機関ト同様ナル監督制限ノモトニアル同様ナル特典ヲ与ヘラレテ経営セラルベキコト併シ如何ナル場合ト雖モ公ノ財源ヨリ支援ヲ受クベカラザルコト、マタ如何ナル場合ト雖モ軍国主義的乃至過激ナル国家主義的「イデオロギー」ヲ宣伝、弘布スベカラザルコト

（チ）全面的ニ或ハ部分的ニ公ノ財源ニ依テ維持セラレル如何ナル教育機関ニ於テモ神道ノ教義ノ弘布ハソノ方法様式ヲ問ハズ禁止セラルベキコト、而シテカカル行為ハ即刻停止セラルベキコト

（一）全面的ニ或ハ部分的ニ公ノ財源ニ依ツテ維持セラレ居ル凡テノ教育機関ニ於テ現ニ使用セラレ居ル凡テノ教師用参考書並ニ教科書ハ之ヲ検閲シソノ中ヨリ凡テノ神道教義ヲ削除スルコト

今後カカル教育機関ニ於テ使用スル為ニ出版セラルベキ如何ナル教師用参考書、如何ナル教科書ニモ神道教義ヲ含マシメザルコト

（二）全面的ニ或ハ部分的ニ公ノ財源ニ依テ維持セラレル如何ナル教育機関モ神道神社参拝乃至神道ニ関連セル祭式、慣例或ハ儀式ヲ行ヒ或ハソノ後援ヲナサザルコト

（リ）「国体の本義」、「臣民の道」乃至同種類ノ官発行ノ書籍論評、評釈乃至神道ニ関スル訓令等ノ頒布ハ之ヲ禁止スル

（ヌ）公文書ニ於テ「大東亜戦争」、「八紘一宇」ナル用語乃至ソノ他ノ用語ニシテ日本語トシテソノ意味ノ連想ガ国家神道、軍国主義、過激ナル国家主義ト切リ離シ得ザルモノハ之ヲ使用スルコトヲ禁止スル、而シテカカル用語ノ即刻停止ヲ命令スル

（ル）全面的乃至部分的ニ公ノ財源ニ依ツテ維持セラレル役所、学校、機関、協会乃至建造物中ニ神棚ソノ他国家神道ノ物的象徴トナル凡テノモノヲ設置スルコトヲ禁止スル、而シテ之等ノモノヲ直ニ除去スルコトヲ命令スル

（ヲ）官公吏、属官、雇員、学生、一般ノ国民乃至日本国在住者ガ国家神道ソノ他如何ナル宗教ヲ問ハズ之ヲ信仰セヌ故ニ或ハ之ガ信仰告白ヲナサヌガ故ニ或ハカカル特定ノ宗教ノ慣例、祭式、儀式、礼式ニ参列セヌガ故ニ彼等ヲ差別待遇セザルコト

（ワ）日本政府、都道府県庁、市町村ノ官公吏ハソノ公ノ資格ニ於テ新任ノ奉告ヲナス為ニ或ハ政治ノ現状ヲ奉告スル為ニ或ハ政府乃至役所ノ代表トシテ神道ノ如何ナル儀式或ハ礼式タルヲ問ハズ之ニ参列スル為ニ如何ナル神社ニモ参拝セザルコト

二（イ）本指令ノ目的ハ宗教ヲ国家ヨリ分離スルニアル、マタ宗教ヲ政治的目的ニ誤用スルコトヲ妨止シ、正確ニ同ジ機会ト保護ヲ与ヘラレル権利ヲ有スルアラユル宗教、信仰、信条ヲ正確ニ同ジ法的根拠ノ上ニ立タシメルニアル、本指令ハ啻ニ神道ニ対シテノミナラズアラユル宗教、信仰、宗派、信条乃至哲学ノ信奉者ニ対

シテモ政府ト特殊ノ関係ヲ持ツコトヲ禁ジマタ軍国主義的乃至過激ナル国家主義的「イデオロギー」ノ宣伝、弘布ヲ禁ズルモノデアル

（ロ）本指令ノ各条項ハ同ジ効力ヲ以テ神道ニ関連スルアラユル祭式、慣例、儀式、礼式、信仰、教へ、神話、伝説、哲学、神社、物的象徴ニ適用サレルモノデアル

（ハ）本指令ノ中ニテ意味スル国家神道ナル用語ハ、日本政府ノ法令ニ依テ宗派神道或ハ教派神道ト区別セラレタル神道ノ一派即チ国家神道乃至神社神道トシテ一般ニ知ラレタル非宗教的ナル国家的祭祀トシテ類別セラレタル神道ノ一派（国家神道或ハ神社神道）ヲ指スモノデアル

（ニ）宗派神道或ハ教派神道ナル用語ハ一般民間ニ於テモ、法律上ノ解釈ニ依テモ又日本政府ノ法令ニ依テモ宗教トシテ認メラレテ来タ（十三ノ公認宗派ヨリ成ル）神道ノ一派ヲ指スモノデアル

（ホ）連合国軍最高司令官ニ依テ一九四五年十月四日ニ発セラレタル基本的指令即チ「政治的、社会的並ニ宗教的自由束縛ノ解放」ニ依テ日本国民ハ完全ナル宗教的自由ヲ保証セラレタノデアルガ、右指令第一条ノ条項ニ従テ

（一）宗派神道ハ他ノ宗教ト同様ナル保護ヲ享受スルモノデアル

（二）神社神道ハ国家カラ分離セラレ、ソノ軍国主義的乃至過激ナル国家主義的要素ヲ剥奪セラレタル後ハ若シソノ信奉者ガ望ム場合ニハ一宗教トシテ認メラレルデアラウ、而シテソレガ事実日本人個人ノ宗教ナリ或ハ哲学ナリデアル限リニ於テ他ノ宗教同様ノ保護ヲ許容セラレルデアラウ

（ヘ）本指令中ニ用ヒラレテキル軍国主義的乃至過激ナル国家主義的「イデオロギー」ナル語ハ、日本ノ支配ヲ以下ニ掲グル理由ノモトニ他国民乃至他民族ニ及ボサントスル日本人ノ使命ヲ擁護シ或ハ正当化スル教ヘ、信仰、理論ヲ包含スルモノデアル

（一）日本ノ天皇ハソノ家系、血統或ハ特殊ナル起源ノ故ニ他国ノ元首ニ優ルトスル主義

（二）日本ノ国民ハソノ家系、血統或ハ特殊ナル起源ノ故ニ他国民ニ優ルトスル主義

（三）日本ノ諸島ハ神ニ起源ヲ発スルガ故ニ或ハ特殊ナル起源ヲ有スルガ故ニ他国ニ優ルトスル主義

（四）ソノ他日本国民ヲ欺キ侵略戦争ヘ駆リ出サシメ或ハ他国民ノ論争ノ解決ノ手段トシテ武力ノ行使ヲ謳歌セシメルニ至ラシメルガ如キ主義

三　日本帝国政府ハ一九四六年三月十五日迄ニ本司令部ニ対シテ本指令ノ各条項ニ従ッテ取ラレタル諸措置ヲ詳細ニ記述セル総括的報告ヲ提出スベキモノナルコト

四　日本ノ政府、県庁、市町村ノ凡テノ官公吏、属官、雇員並ニアラユル教師、教育関係職員、国民、日本国内在住者ハ本指令各条項ノ文言並ニソノ精神ヲ遵守スルコトニ対シテ夫々個人的責任ヲ負フベキコト

【著者略歴】
宮崎正弘（みやざき・まさひろ）
昭和21年、金沢市生まれ。早稲田大学英文科中退。「日本学生新聞」編集長などを経て「もう一つの資源戦争」（講談社）で論壇へ。以後、作家、評論家として多彩な執筆活動を続ける。中国問題、国際経済にも詳しい。神話、古代史でも現地踏査を重視した『こう読み直せ！　日本の歴史』（ワック）、『一万年の平和、日本の代償』『神武天皇「以前」　縄文中期に天皇制の原型が誕生した』『歩いてみて解けた「古事記」の謎』『間違いだらけの古代史』（以上、育鵬社）、『歪められた日本史』（宝島新書）、『禁断の国史』（ハート出版）などがある。

古代史最大の謎《ミステリー》　応神天皇と継体天皇

発行日　2024年12月10日　初版第１刷発行

著　者　宮崎正弘
発行者　秋尾弘史
発行所　株式会社　育鵬社
〒105-0022　東京都港区海岸1-2-20　汐留ビルディング
電話03-5843-8395（編集）　http://www.ikuhosha.co.jp/
株式会社　扶桑社
〒105-8070　東京都港区海岸1-2-20　汐留ビルディング
電話03-5843-8143（メールセンター）
発　売　株式会社　扶桑社
〒105-8070　東京都港区海岸1-2-20　汐留ビルディング
（電話番号は同上）
本文組版　株式会社　明昌堂
印刷・製本　サンケイ総合印刷株式会社

ISBN 978-4-594-09918-3